어린이
책나무
7

이야기수학·하나

어린왕자와 함께 떠나는
구구단 여행

김재인 엮음

동인

프·롤·로·그

애들아 안녕? 나는 저 먼 하늘에서 빛나는 수많은 별들 중 하나에서 온 어린왕자라고 해.

너희들은 밤하늘을 올려다보면서 무슨 생각을 하니? 그 많은 별 중 어느 하나에 나와 같은 친구가 살고 있을 거라고 생각해본 적은 있니?

나는 이제부터 너희들과 함께 먼 별나라로 여행을 떠나려고 해. 이것은 내가 지금까지 여행했던 여러 별들에 대한 이야기 여행이야. 그리고 구구단 여행이기도 하단다.

우리가 함께 나누게 될 이야기들은 소중한 것들이 그득 차 있는 보물창고와 같은 것들이야.

이 여행이 끝날 즈음이면 너희들은 아마도 정말 소중한 것이 무엇인지 다시 한번 생각을 해보게 될 거야. 그리고 친구사이의 우정이라는 것이 가만히 싹트는 것이듯, 어느덧 구구단이 오래도록 기억되는 좋은 친구가 되어있을 거야.

자, 이제부터 나, 어린왕자와 함께 이야기 여행을 떠나볼까?

그런데 뭐, 내가 왕자 병이라고? 하하 … 애들아, 정말 내 이름이 어린왕자야. 못 믿겠다고? 그럼 이제부터 내가 살던 별과 여행했던 여러 별들의 이야기를 들려줄게. 따라와 보렴. 그럼 사실을 알게될 테니까. 자 이제 떠날 시간이야. 나의 작은 별을 향해 모두 출발!!

차 례

어린왕자와 함께 떠나는

1일 **어린왕자의 별** · 7

2일 **첫번째 별 – 왕의 별** · 19

3일 **두번째 별 – 잘난체하는 사람의 별** · 31

4일 **세번째 별 – 술고래의 별** · 41

5일 **네번째 별 – 사업가의 별** · 51

9 일 간 의   구 구 단   여 행

6일 **다섯번째 별 – 불켜는 사람의 별** · **65**

7일 **여섯번째 별 – 지리학자의 별** · **77**

8일 **일곱번째 별 – 지구** · **93**

9일 **친구와 선물** · **113**

부록 · **125**

여행 1일

어린왕자의 별

"수백만 개나 되는 별들 가운데서
하나밖에 없는 어떤 꽃을
사랑하고 있는 사람이 있다면,
그 사람은 그 별들을 바라보고
있는 것만으로도 행복할 거야"

여행1일
어린왕자의 별

여행 1일 ● **어린왕자의 별**

　내 고향, 다른 말로 하면 내가 살던 별은 아주아주
작은 혹성이야. 어두운 밤하늘을 가만히 올려다
보면 저 멀리서 아주 작은 빛을 내면서 깜박이는
별들이 있지. 그중 하나가 내 별이란다.
내 별은 겨우 작은 집 한 채 정도의 크기야.
그 별은 작지만 나에게는
그 무엇과도 바꿀 수 없는 아주
소중한 곳이야.
그 곳에는 가냘픈 몸매를
한 장미 한 송이가 있단다.

그리고 두 개의 활화산과 한 개의 사화산, 땅속에 씨앗의 모습으로 숨어 있다가 자꾸만 자라나는 바오밥나무가 있어.

너희들이 아침에 일어나면 부모님께 '안녕히 주무셨어요?' 라고 인사를 하듯, 나의 하루도 아름답고 붉은 장미에게 '잘 잤니?' 라고 인사를 하면서 시작된단다.

나는 맑은 물을 길러와 장미에게 아침밥을 주고, 깨끗이 청소된 활화산을 지펴서 직접 아침밥을 지어먹곤 해.

왕뱀은 먹이를 씹지 않고 통째로 삼켜버린다. 그리고는 움직일 수 없게 되는데, 그 먹이의 소화를 위해서 6개월간(반년) 잠을 잔다.

여행1일
어린왕자의 별

너희들이 학교에서 보낼 시간 즈음이면, 나는 밤새 자란 바오밥나무가 있는가 없는가를 살펴보곤 해. 그리고 만약 자라난 것이 있으면 그것을 뽑아낸단다. 왜 바오밥나무를 뽑아내느냐고? 그 이유는 바오밥 나무의 뿌리는 너무나

▲ 코끼리를 삼킨 왕뱀 한 마리가 있다. (한 묶음이 한 개 있다)
$1 \times 1 = 1$

▲ 코끼리를 삼킨 왕뱀 두 마리가 있다. (한 묶음이 두 개 있다)
$1 \times 2 = 2 \ (1 + 1 = 2)$

▲ 코끼리를 삼킨 왕뱀 세 마리가 있다. (한 묶음이 세 개 있다)
$1 \times 3 = 3 \ (1 + 1 + 1 = 3)$

도 힘차게 뻗어나가기 때문에 그대로 두면 마침내 별을 꿰뚫게 될 테고, 내 작은 별은 산산이 쪼개져 버리겠지?

내가 제일 좋아하는 것은 해질 무렵이야. 나는 슬플 때면 의자에 앉아서 해가 지는 것을 바라보곤 한단다. 그러면 어느새 슬픔이 날아가 버리곤 해. 어느 날에는 해가 지는 것

▲ 코끼리를 삼킨 왕뱀 네 마리가 있다. (한 묶음이 네 개 있다)
1×4=4 (1+1+1+1=4)

▲ 코끼리를 삼킨 왕뱀 다섯 마리가 있다. (한 묶음이 다섯 개 있다)
1×5=5 (1+1+1+1+1=5)

▲ 코끼리를 삼킨 왕뱀 여섯 마리가 있다. (한 묶음이 여섯 개 있다)
1×6=6 (1+1+1+1+1+1=6)

여행1일
어린왕자의 별

을 마흔 네번이나 본적도 있어. 내별은 아주 작기 때문에 의자를 해가 지는 방향으로 조금씩 옮겨가기만 하면 하루에 몇 번이고 해가 지는 것을 볼 수 있거든. 아무튼 해가 지는 것은 기분이 좋아지게 만들어주는 것 같아.

나는 밤이 되면 장미에게 '잘 자'라고 인사를 하면서 유리 덮개를 씌워주는 것으로 하루를 마치지. 왜 장미에게 유리 덮개를 씌워주느냐고? 왜냐하면 장미가 제일 무서워하는 것이 바람이기 때문이야. 네 개의 가시를 가지고 있는 장미

▲ 코끼리를 삼킨 왕뱀 일곱 마리가 있다. (한 묶음이 일곱 개 있다)
$1 \times 7 = 7$ $(1+1+1+1+1+1+1=7)$

▲ 코끼리를 삼킨 왕뱀 여덟 마리가 있다. (한 묶음이 여덟 개 있다)
$1 \times 8 = 8$ $(1+1+1+1+1+1+1+1=8)$

▲ 코끼리를 삼킨 왕뱀 아홉 마리가 있다. (한 묶음이 아홉 개 있다)
$1 \times 9 = 9$ $(1+1+1+1+1+1+1+1+1=9)$

는 호랑이도 무섭지 않대. 하지만 바람만큼은 정말 무섭다는 거야. 그래서 바람막이가 필요했던 거지.

어느 날 나는 여러 별들을 여행하기로 마음먹었어. 그리고 내 작은 별을 떠났단다.

출발하던 날 아침, 나는 별을 깨끗하게 정돈하였어. 우선 활화산을 청소하고, 바오밥나무의 뿌리를 뽑아내고, 마지막으로 꽃에게 물을 주고 '잘 있어' 하고 인사를 했지.

내가 어떤 방법으로 별을 떠날 수 있었는지 궁금하다고?

▲ 왕뱀 두 마리가 든 울타리 하나가 있다 (두개짜리 묶음이 한 개 있다)
2 × 1 = 2

여행1일
어린왕자의 별

하하, 어떤 사람은 내가 철새들의 이동을 이용해서 별을 떠났을 거라고 말하더구나. 그 사람의 생각은 맞을 수도 있고 틀릴 수도 있어. 나는 그 방법을 끝내 말하지 않을 작정이야. 그 답은 이미 너희들의 상상 속에 들어있거든…

▲ 왕뱀 두 마리가 든 울타리 두 개가 있다 (두개짜리 묶음이 두 개 있다)
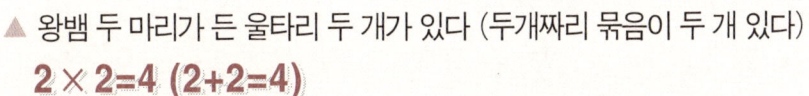
2 × 2=4 (2+2=4)

▲ 왕뱀 두 마리가 든 울타리 세 개가 있다 (두개짜리 묶음이 세 개 있다)
2 × 3=6 (2+2+2=6)

▲ 왕뱀 두 마리가 든 울타리 네 개가 있다 (두개짜리 묶음이 네 개 있다)
2 × 4=8 (2+2+2+2=8)

 이것은 양이 있을 상자일 뿐이야.
네가 원하는 양은 이 상자 안에 들어있어.

1) 다음 식에서 지시한 것을 풀어 쓰세요.
(예) **1 × 1=1**
　　(양 _1_ 마리가 든 상자가 _1_ 개 있다. 양은 모두 _1_ 마리)

1 × 2=2 (양 ___ 마리가 든 상자가 ___ 개 있다. 양은 모두 ___ 마리)
1 × 3=3 (양 ___ 마리가 든 상자가 ___ 개 있다. 양은 모두 ___ 마리)
1 × 4=4 (양 ___ 마리가 든 상자가 ___ 개 있다. 양은 모두 ___ 마리)
1 × 5=5 (양 ___ 마리가 든 상자가 ___ 개 있다. 양은 모두 ___ 마리)
1 × 6=6 (양 ___ 마리가 든 상자가 ___ 개 있다. 양은 모두 ___ 마리)
1 × 7=7 (양 ___ 마리가 든 상자가 ___ 개 있다. 양은 모두 ___ 마리)
1 × 8=8 (양 ___ 마리가 든 상자가 ___ 개 있다. 양은 모두 ___ 마리)
1 × 9=9 (양 ___ 마리가 든 상자가 ___ 개 있다. 양은 모두 ___ 마리)

여행1일
어린왕자의 별

양이 꽃을 먹어버리면 어떡하지요? 네가 사랑하는 꽃은 위험하지 않아. 너의 양에게 씌울 입 마개와 꽃을 둘러쌀 울타리를 그려줄게.

2) 다음 문제에서 지시한대로 곱셈식과 덧셈식을 써보세요.
그리고 그림이 있는 곳에는 숫자만큼 색칠하세요.

(예) 꽃 한 송이가 든 바구니가 한 개 있어요. 꽃은 모두 몇 송이일까요?
1 × 1=1, 1+0=1

▲ 꽃 한 송이가 든 바구니가 두 개 있어요. 꽃은 모두 몇 송이일까요?
1 × ___ =2, ___ + ___ =2

▲ 꽃 한 송이가 든 바구니가 세 개 있어요. 꽃은 모두 몇 송이일까요?
1 × ___ =3, ___ + ___ + ___ =3

▲ 꽃 한 송이가 든 바구니가 네 개 있어요. 꽃은 모두 몇 송이일까요?
1 × ___ =4, ___ + ___ + ___ + ___ =4

▲ 꽃 한 송이가 든 바구니가 다섯 개 있어요. 꽃은 모두 몇 송이일까요?

  1× ___ =5, __+__+__+__+__ =5

▲ 꽃 한 송이가 든 바구니가 여섯 개 있어요. 꽃은 모두 몇 송이일까요?

  1× ___ =6, __+__+__+__+__+__ =6

▲ 꽃 한 송이가 든 바구니가 일곱 개 있어요. 꽃은 모두 몇 송이일까요?

  1× ___ =7, __+__+__+__+__+__+__ =7

▲ 꽃 한 송이가 든 바구니가 여덟 개 있어요. 꽃은 모두 몇 송이일까요?

  1× ___ =8, __+__+__+__+__+__+__+__ =8

▲ 꽃 한 송이가 든 바구니가 아홉 개 있어요. 꽃은 모두 몇 송이일까요?

  1× ___ =9, __+__+__+__+__+__+__+__+__ =9

여행 2일
첫번째 별 - 왕의 별

구구단을 외자~!

이 일은 이
$2 \times 1 = 2$

이 이는 사
$2 \times 2 = 4$

이 삼은 육
$2 \times 3 = 6$

이 사 팔
$2 \times 4 = 8$

이 오 십
$2 \times 5 = 10$

이 육 십이
$2 \times 6 = 12$

이 칠 십사
$2 \times 7 = 14$

이 팔 십육
$2 \times 8 = 16$

이 구 십팔
$2 \times 9 = 18$

여행2일
첫번째 별 - 왕의 별

여행 2일 ● **첫번째 별 - 왕의 별**

　내 별을 떠나 나는 내 별 가까이에 있는 또다른 작은 혹성에 가 닿았어.
　그 별에는 왕이 살고 있었어. 그 왕은 붉은 옷 위에 담비 모피로 만든 옷을 덧입고, 높은 의자 위에 올라앉아 있었지.
　왕은 나를 보고 '아! 신하가 한 명 왔구나' 하고 큰소리로

맞아주었어. 왕에게는 이 세상의 모두가 신하로 보일 테지. 그러니까 그는 나를 당연히 신하라고 생각했던 거야, 글쎄.

나는 먼길을 왔으므로 다리도 아프고 해서 일단 자리에 앉고 싶었어. 하지만 주위를 아무리 둘러봐도 앉을 곳이 없지 뭐야. 별 전체가 왕의 담비가죽 옷으로 꽉 차있었거든. 어쩔 수 없이 똑바로 서있어야 했지. 너무 피곤했지만 참을 수밖에, 다른 무슨 방법이 있었겠니.

나는 참지 못하고 그만 하품을 하고 말았어. 그러자 왕이

▲왕뱀 두 마리가 든 울타리 다섯 개가 있다 (두 개짜리 묶음이 다섯 개 있다)
2×5=10 (2+2+2+2+2=10)

▲왕뱀 두 마리가 든 울타리 여섯 개가 있다 (두 개짜리 묶음이 여섯 개 있다)
2×6=12 (2+2+2+2+2+2=12)

여행2일
첫번째 별 – 왕의 별

말했어.

"왕 앞에서 하품을 하다니, 너는 참으로 버릇이 없구나. 하품하는 것을 금지하노라."

당황한 나는 더듬거리며 말했어.

"저… 저는 긴 여행을 했어요. 게다가 잠도 거의 못 자고 해서 참을 수가 없었어요."

왕은 나를 가만히 보더니 다시 말했어.

"그렇다면 하품을 하도록 해라. 이것은 명령이니라!"

▲ 왕뱀 두 마리가 든 울타리 일곱 개가 있다 (두 개짜리 묶음이 일곱 개 있다)
$2 \times 7=14$ (2+2+2+2+2+2+2=14)

▲ 왕뱀 두 마리가 든 울타리 여덟 개가 있다 (두 개짜리 묶음이 여덟 개 있다)
$2 \times 8=16$ (2+2+2+2+2+2+2+2=16)

▲ 왕뱀 두 마리가 든 울타리 아홉 개가 있다 (두 개짜리 묶음이 아홉 개 있다)
$2 \times 9=18$ (2+2+2+2+2+2+2+2+2=18)

나는 너무 창피하여서 다시 더듬거리며 말했어.
"저… 저는 더 이상 하품을 할 수가 없는데요…"
왕은 화가 난 것 같아 보였어. 왜냐하면 내가 그의 명령을 무조건 따르지 않았기 때문이었어.
나는 왕의 화도 풀어줄 겸해서 아주 예의 바르게 물었어.
"폐하, 폐하는 무엇을 다스리십니까?"
왕은 입가에 흡족한 미소를 떠올리며 대답했어.
"나는 이 우주의 모든 것을 다 다스리지."

▲ 왕뱀 세 마리가 든 울타리 하나가 있다 (세 개짜리 묶음이 한 개 있다)
$3 \times 1 = 3$

여행2일
첫번째 별 – 왕의 별

　나는 왕의 손가락이 가리키는 별들을 바라보다가 문득 떠나 온 내 별이 생각나서 슬퍼졌어. 그래서 왕에게 부탁을 했어.

　"저… 폐하, 저는 해지는 것을 보고 싶어요. 지금 바로 해가 지도록 명령을 해주세요… 제발."

　왕은 두툼한 책을 꺼내서 살펴보더니 대답했어.

　"음, 내가 다스리는 방법에 따라 조건이 좋아질 때까지 기다려야 한다. 오늘 저녁에는 7시 40분 경이면 해가 질 것이

▲ 왕뱀 세 마리가 든 울타리 두 개가 있다 (세 개짜리 묶음이 두 개 있다)
3 × 2=6 (3+3=6)

▲ 왕뱀 세 마리가 든 울타리 세 개가 있다 (세 개짜리 묶음이 세 개 있다)
3 × 3=9 (3+3+3=9)

다. 그때 너는 이 우주의 모든 것들이 얼마나 내 명령을 잘 따르는지 눈으로 확인하게 될 것이다."

나는 내 별의 해지는 모습이 그리워졌어. 명령을 하거나 기다리거나 하지 않아도, 의자를 조금 옮기기만 하면 해지는 모습을 하루에 수십 번도 더 볼 수 있었는데…

나는 점점 지루해지기 시작했어. 그래서 그만 다른 곳으로 떠나기로 했어.

내가 가려고 하자 왕이 다급하게 외쳤어.

▲ 왕뱀 세 마리가 든 울타리 네 개가 있다 (세 개짜리 묶음이 네 개 있다)
  $3 \times 4 = 12$ $(3+3+3+3=12)$

▲ 왕뱀 세 마리가 든 울타리 다섯 개가 있다 (세 개짜리 묶음이 다섯 개 있다)
  $3 \times 5 = 15$ $(3+3+3+3+3=15)$

▲ 왕뱀 세 마리가 든 울타리 여섯 개가 있다 (세 개짜리 묶음이 여섯 개 있다)
  $3 \times 6 = 18$ $(3+3+3+3+3+3=18)$

첫번째 별 – 왕의 별

"가지 마라, 명령이다. 법무대신을 시켜주마."

나는 아무도 없는 별을 다시 한번 흘낏 훑어보고는 길을 떠났어. 내 등뒤에다 대고 왕이 급하게 외치는 소리가 들렸어.

"나는 너를 내 대사로 삼겠노라."

나는 어른들은 정말 이상하다는 생각을 하며 두 번째 별로 향했단다.

▲ 왕뱀 세 마리가 든 울타리 일곱 개가 있다 (세 개짜리 묶음이 일곱 개 있다)
3 × 7=21 (3+3+3+3+3+3+3=21)

▲ 왕뱀 세 마리가 든 울타리 여덟 개가 있다 (세 개짜리 묶음이 여덟 개 있다)
3 × 8=24 (3+3+3+3+3+3+3+3=24)

▲ 왕뱀 세 마리가 든 울타리 아홉 개가 있다 (세 개짜리 묶음이 아홉 개 있다)
3 × 9=27 (3+3+3+3+3+3+3+3+3=27)

 이것은 양이 있을 상자일 뿐이야.
네가 원하는 양은 이 상자 안에 들어있어.

1) 다음 식에서 지시한 것을 풀어 쓰세요.
(예) **2 × 1=2**
　　(양 _2_ 마리가 든 상자가 _1_ 개 있다. 양은 모두 _2_ 마리)

2 × 2=4　(양 ___ 마리가 든 상자가 ___ 개 있다. 양은 모두 ___ 마리)
2 × 3=6　(양 ___ 마리가 든 상자가 ___ 개 있다. 양은 모두 ___ 마리)
2 × 4=8　(양 ___ 마리가 든 상자가 ___ 개 있다. 양은 모두 ___ 마리)
2 × 5=10　(양 ___ 마리가 든 상자가 ___ 개 있다. 양은 모두 ___ 마리)
2 × 6=12　(양 ___ 마리가 든 상자가 ___ 개 있다. 양은 모두 ___ 마리)
2 × 7=14　(양 ___ 마리가 든 상자가 ___ 개 있다. 양은 모두 ___ 마리)
2 × 8=16　(양 ___ 마리가 든 상자가 ___ 개 있다. 양은 모두 ___ 마리)
2 × 9=18　(양 ___ 마리가 든 상자가 ___ 개 있다. 양은 모두 ___ 마리)

여행2일
첫번째 별 – 왕의 별

양이 꽃을 먹어버리면 어떡하지요? 네가 사랑하는 꽃은 위험하지 않아. 너의 양에게 씌울 입 마개와 꽃을 둘러쌀 울타리를 그려줄게.

2) 다음 문제에서 지시한대로 곱셈식과 덧셈식을 써보세요. 그리고 그림이 있는 곳에는 숫자만큼 색칠하세요.

(예) 꽃 두 송이가 든 바구니가 한 개 있어요. 꽃은 모두 몇 송이일까요?
2 × 1=2, 2+0=2

▲ 꽃 두 송이가 든 바구니가 두 개 있어요. 꽃은 모두 몇 송이일까요?
2 × ___ =4, ___ + ___ =4

▲ 꽃 두 송이가 든 바구니가 세 개 있어요. 꽃은 모두 몇 송이일까요?
2 × ___ =6, ___ + ___ + ___ =6

▲ 꽃 두 송이가 든 바구니가 네 개 있어요. 꽃은 모두 몇 송이일까요?
2 × ___ =8, ___ + ___ + ___ + ___ =8

어린왕자와 함께 떠나는 구구단여행

▲ 꽃 두 송이가 든 바구니가 다섯 개 있어요. 꽃은 모두 몇 송이일까요?

2× ___=10, ___+___+___+___+___=10

▲ 꽃 두 송이가 든 바구니가 여섯 개 있어요. 꽃은 모두 몇 송이일까요?

2× ___=12, ___+___+___+___+___+___=12

▲ 꽃 두 송이가 든 바구니가 일곱 개 있어요. 꽃은 모두 몇 송이일까요?

2× ___=14, ___+___+___+___+___+___+___=14

▲ 꽃 두 송이가 든 바구니가 여덟 개 있어요. 꽃은 모두 몇 송이일까요?

2× ___=16, ___+___+___+___+___+___+___+___=16

▲ 꽃 두 송이가 든 바구니가 아홉 개 있어요. 꽃은 모두 몇 송이일까요?

2× ___=18, ___+___+___+___+___+___+___+___+___=18

여행 3일
두번째 별 - 잘난체하는 사람의 별

구구단을 외자~!

삼 일은삼
3 × 1 = 3

삼 이 육
3 × 2 = 6

삼 삼은구
3 × 3 = 9

삼 사 십이
3 × 4 = 12

삼 오 십오
3 × 5 = 15

삼 육 십팔
3 × 6 = 18

삼 칠 이십일
3 × 7 = 21

삼 팔 이십사
3 × 8 = 24

삼 구 이십칠
3 × 9 = 27

여행3일
두번째 별 - 잘난체하는 사람의 별

여행 3일 ● **두번째 별 - 잘난체하는 사람의 별**

"오! 나를 멋있다고 말해줄 사람이 오는구나."

내가 두 번째 별에 가 닿았을 때 들려온 소리야. 나는 얼른 고개를 들고 누군가하고 주위를 살펴보았어. 이 별에는 깃털이 꽂힌 높은 모자를 쓰고 옷을 잘 차려입은 남자 한사람이 있었어.

나는 인사를 했어.

어린왕자와 함께 떠나는
구구단여행

"안녕하세요, 아저씨. 모자가 참 이상하게 생겼네요."
그러자 그 사나이가 대답했지.
"이것은 인사를 하기 위한 모자란다. 내가 보여줄게. 지금 당장 손뼉을 쳐보렴."

나는 손뼉을 쳤어. 그러자 사나이는 기다렸다는 듯이 모자를 위로 살짝 쳐들고 공손히 인사를 했어.

처음에는 이 놀이가 퍽 재미있게 느껴졌어. 그래서 다시 손뼉을 쳤지. 사나이는 역시 모자를 위로 살짝 쳐들고 공손

▲ 왕뱀 네 마리가 든 울타리 하나가 있다 (네 개짜리 묶음이 한 개 있다)
$4 \times 1 = 4$

▲ 왕뱀 네 마리가 든 울타리 두 개가 있다 (네 개짜리 묶음이 두 개 있다)
$4 \times 2 = 8 \ (4+4=8)$

▲ 왕뱀 네 마리가 든 울타리 세 개가 있다 (네 개짜리 묶음이 세 개 있다)
$4 \times 3 = 12 \ (4+4+4=12)$

여행3일
두번째 별 – 잘난체하는 사람의 별

히 인사를 했어. 우리는 5분 동안이나 이 놀이를 했어. 그러다가 나는 그만 싫증이 나서 그 남자에게 물었지.

"이제 재미가 없어요. 아저씨, 모자를 한 번 떨어뜨려보세요."

하지만 남자는 아무 대답도 하지 않고 오히려 나에게 엉뚱한 질문을 하는 거야.

"너는 정말로 나를 좋아하느냐? 나는 이 별에서 제일 잘생기고, 옷도 제일 잘 입고, 돈도 제일 많고, 제일 아는 것

▲ 왕뱀 네 마리가 든 울타리 네 개가 있다 (네 개짜리 묶음이 네 개 있다)
4 × 4=16 (4+4+4+4=16)

▲ 왕뱀 네 마리가 든 울타리 다섯 개가 있다 (네 개짜리 묶음이 다섯 개 있다)
4 × 5=20 (4+4+4+4+4=20)

▲ 왕뱀 네 마리가 든 울타리 여섯 개가 있다 (네 개짜리 묶음이 여섯 개 있다)
4 × 6=24 (4+4+4+4+4+4=24)

어린왕자와 함께 떠나는 구구단여행

이 많은 사람이다."

나는 웃음이 나오려는 것을 겨우 참고 말했어.

"이 별에는 아저씨 혼자 뿐인데요, 뭐."

사나이는 이번에도 내 말은 들은 척도 하지 않고 말했어.

"아무튼 나를 멋지다고 말해줘."

나는 못마땅했지만 어쩔 수 없이 다음과 같이 말하면서 그 별을 떠났단다.

"아저씨는 멋져요. 하지만 그 말이 그렇게 중요한가요?"

▲ 왕뱀 네 마리가 든 울타리 일곱 개가 있다 (네 개짜리 묶음이 일곱 개 있다)
 $4 \times 7 = 28$ (4+4+4+4+4+4+4=28)

▲ 왕뱀 네 마리가 든 울타리 여덟 개가 있다 (네 개짜리 묶음이 여덟 개 있다)
 $4 \times 8 = 32$ (4+4+4+4+4+4+4+4=32)

▲ 왕뱀 네 마리가 든 울타리 아홉 개가 있다 (네 개짜리 묶음이 아홉 개 있다)
 $4 \times 9 = 36$ (4+4+4+4+4+4+4+4+4=36)

여행3일
두번째 별 - 잘난체하는 사람의 별

 이것은 양이 있을 상자일 뿐이야.
네가 원하는 양은 이 상자 안에 들어있어.

1) 다음 식에서 지시한 것을 풀어쓰세요.

(예) **3 × 1=3**

(양 _3_ 마리가 든 상자가 _1_ 개 있다. 양은 모두 _3_ 마리)

3 × 2=6 (양___마리가 든 상자가___개 있다. 양은 모두___마리)
3 × 3=9 (양___마리가 든 상자가___개 있다. 양은 모두___마리)
3 × 4=12 (양___마리가 든 상자가___개 있다. 양은 모두___마리)
3 × 5=15 (양___마리가 든 상자가___개 있다. 양은 모두___마리)
3 × 6=18 (양___마리가 든 상자가___개 있다. 양은 모두___마리)
3 × 7=21 (양___마리가 든 상자가___개 있다. 양은 모두___마리)
3 × 8=24 (양___마리가 든 상자가___개 있다. 양은 모두___마리)
3 × 9=27 (양___마리가 든 상자가___개 있다. 양은 모두___마리)

여행3일

두번째 별 – 잘난체하는 사람의 별

양이 꽃을 먹어버리면 어떡하지요? 네가 사랑하는 꽃은 위험하지 않아. 너의 양에게 씌울 입 마개와 꽃을 둘러쌀 울타리를 그려줄게.

2) 다음 문제에서 지시한대로 곱셈식과 덧셈식을 써보세요.
그리고 그림이 있는 곳에는 숫자만큼 색칠하세요.

(예) 꽃 세송이가 든 바구니가 하나 있어요. 꽃은 모두 몇 송이일까요?
3 × 1=3, 3+0=3

▲ 꽃 세송이가 든 바구니가 두 개 있어요. 꽃은 모두 몇 송이일까요?
3 × ___ =6, ___ + ___ =6

▲ 꽃 세송이가 든 바구니가 세 개 있어요. 꽃은 모두 몇 송이일까요?
3 × ___ =9, ___ + ___ + ___ =9

▲ 꽃 세송이가 든 바구니가 네 개 있어요. 꽃은 모두 몇 송이일까요?
3 × ___ =12, ___ + ___ + ___ + ___ =12

어린왕자와 함께 떠나는 구구단여행

▲ 꽃 세송이가 든 바구니가 다섯 개 있어요. 꽃은 모두 몇 송이일까요?

3 × ___=15, ___+___+___+___+___=15

▲ 꽃 세송이가 든 바구니가 여섯 개 있어요. 꽃은 모두 몇 송이일까요?

3 × ___=18, ___+___+___+___+___+___=18

▲ 꽃 세송이가 든 바구니가 일곱 개 있어요. 꽃은 모두 몇 송이일까요?

3 × ___=21, ___+___+___+___+___+___+___=21

▲ 꽃 세송이가 든 바구니가 여덟 개 있어요. 꽃은 모두 몇 송이일까요?

3 × ___=24, ___+___+___+___+___+___+___+___=24

▲ 꽃 세송이가 든 바구니가 아홉 개 있어요. 꽃은 모두 몇 송이일까요?

3 × ___=27, ___+___+___+___+___+___+___+___+___=27

여행 4일

세번째 별 – 술고래의 별

구구단을 외자~!

사 일은사
$4 × 1 = 4$

사 이 팔
$4 × 2 = 8$

사 삼 십이
$4 × 3 = 12$

사 사 십육
$4 × 4 = 16$

사 오 이십
$4 × 5 = 20$

사 육 이십사
$4 × 6 = 24$

사 칠 이십팔
$4 × 7 = 28$

사 팔 삼십이
$4 × 8 = 32$

사 구 삼십육
$4 × 9 = 36$

여행4일
세번째 별 – 술고래의 별

여행 4일 ● **세번째 별 - 술고래의 별**

　내가 아주 잠깐 들른 이 별에는 술고래 아저씨가 살고 있었어. 그는 내가 가까이 가도 아무 말 없이 앉아있었어. 그의 주위에는 빈 병과 술이 가득 찬 술병이 수북하게 쌓여 있었어.

어린왕자와 함께 떠나는
구구단여행

내가 물었어.

"거기서 뭘 하고 계셔요?"

그는 침울한 표정과 목소리로 대답했어.

"술을 마시고 있지."

나는 다시 물었어.

"왜 술을 마시지요?"

그는 여진히 우울한 표정으로 대답했어.

"잊어버리려고 마시는 거야."

▲ 왕뱀 다섯 마리가 든 울타리 하나가 있다 (다섯 개짜리 묶음이 한 개 있다)
  $5 \times 1 = 5$

▲ 왕뱀 다섯 마리가 든 울타리 두 개가 있다 (다섯 개짜리 묶음이 두 개 있다)
  $5 \times 2 = 10$ (5+5=10)

▲ 왕뱀 다섯 마리가 든 울타리 세 개가 있다 (다섯 개짜리 묶음이 세 개 있다)
  $5 \times 3 = 15$ (5+5+5=15)

여행4일
세번째 별 - 술고래의 별

나는 고개를 갸우뚱하며 다시 물어보았어.
"무얼 잊어버리려고요?"
그는 선생님께 잘못을 비는 아이처럼 느릿느릿 대답했어.
"내가 부끄러워하는 것을 잊으려는 거야."
나는 그 아저씨가 문득 불쌍하다는 생각이 들어서 다시 한번 물어보았어.
"무엇이 부끄러운데요?"
그러자 그 아저씨는 다음과 같이 대답했어.

▲ 왕뱀 다섯 마리가 든 울타리 네 개가 있다 (다섯 개짜리 묶음이 네 개 있다)
$5 \times 4 = 20$ (5+5+5+5=20)

▲ 왕뱀 다섯 마리가 든 울타리 다섯 개가 있다 (다섯 개짜리 묶음이 다섯 개 있다)
$5 \times 5 = 25$ (5+5+5+5+5=25)

▲ 왕뱀 다섯 마리가 든 울타리 여섯 개가 있다 (다섯 개짜리 묶음이 여섯 개 있다)
$5 \times 6 = 30$ (5+5+5+5+5+5=30)

**어린왕자와 함께 떠나는
구구단여행**

"술 마시는 것이 부끄러운 거야!"

그리고 더 이상 아무런 말도 하지 않았어. 나는 그를 도와주고 싶었지만 방법을 찾을 수 없었어. 그래서 그 별을 떠나기로 마음먹었지.

"정말 어른들은 참 이상해"

다음별을 향해 가는 내내 나는 이 생각을 머릿속에서 떨쳐버릴 수가 없었어.

▲ 왕뱀 다섯 마리가 든 울타리 일곱 개가 있다 (다섯 개짜리 묶음이 일곱 개 있다)
  $5 \times 7 = 35$ (5+5+5+5+5+5+5=35)

▲ 왕뱀 다섯 마리가 든 울타리 여덟 개가 있다 (다섯 개짜리 묶음이 여덟 개 있다)
  $5 \times 8 = 40$ (5+5+5+5+5+5+5+5=40)

▲ 왕뱀 다섯 마리가 든 울타리 아홉 개가 있다 (다섯 개짜리 묶음이 아홉 개 있다)
  $5 \times 9 = 45$ (5+5+5+5+5+5+5+5+5=45)

여행4일
세번째 별 – 술고래의 별

 이것은 양이 있을 상자일 뿐이야.
네가 원하는 양은 이 상자 안에 들어있어.

1) 다음 식에서 지시한 것을 풀어쓰세요.
(예) **4 × 1=4**
　　(양 _4_ 마리가 든 상자가 _1_ 개 있다. 양은 모두 _4_ 마리)

4 × 2=8 　(양___마리가 든 상자가___개 있다. 양은 모두___마리)
4 × 3=12 (양___마리가 든 상자가___개 있다. 양은 모두___마리)
4 × 4=16 (양___마리가 든 상자가___개 있다. 양은 모두___마리)
4 × 5=20 (양___마리가 든 상자가___개 있다. 양은 모두___마리)
4 × 6=24 (양___마리가 든 상자가___개 있다. 양은 모두___마리)
4 × 7=28 (양___마리가 든 상자가___개 있다. 양은 모두___마리)
4 × 8=32 (양___마리가 든 상자가___개 있다. 양은 모두___마리)
4 × 9=36 (양___마리가 든 상자가___개 있다. 양은 모두___마리)

여행4일
세번째 별 – 술고래의 별

 양이 꽃을 먹어버리면 어떡하지요? 네가 사랑하는 꽃은 위험하지 않아. 너의 양에게 씌울 입 마개와 꽃을 둘러쌀 울타리를 그려줄게.

2) 다음 문제에서 지시한대로 곱셈식과 덧셈식을 써보세요. 그리고 그림이 있는 곳에는 숫자만큼 색칠하세요.

(예) 꽃 네 송이가 든 바구니가 한 개 있어요. 꽃은 모두 몇 송이일까요?
  4 × 1=4, 4+0=4

▲ 꽃 네 송이가 든 바구니가 두 개 있어요. 꽃은 모두 몇 송이일까요?
  4 × ___ =8, ___ + ___ =8

▲ 꽃 네 송이가 든 바구니가 세 개 있어요. 꽃은 모두 몇 송이일까요?
  4 × ___ =12, ___ + ___ + ___ =12

▲ 꽃 네 송이가 든 바구니가 네 개 있어요. 꽃은 모두 몇 송이일까요?
  4 × ___ =16, ___ + ___ + ___ + ___ =16

▲ 꽃 네 송이가 든 바구니가 다섯 개 있어요. 꽃은 모두 몇 송이일까요?
  4 × ___ =20, ___ + ___ + ___ + ___ + ___ =20

어린왕자와 함께 떠나는 구구단여행

▲ 꽃 네 송이가 든 바구니가 여섯 개 있어요. 꽃은 모두 몇 송이일까요?

4 × ___ =24, ___ +___ +___ +___ +___ +___ =24

▲ 꽃 네 송이가 든 바구니가 일곱 개 있어요. 꽃은 모두 몇 송이일까요?

4 × ___ =28, ___ +___ +___ +___ +___ +___ +___ =28

▲ 꽃 네 송이가 든 바구니가 여덟 개 있어요. 꽃은 모두 몇 송이일까요?

4 × ___ =32, ___ +___ +___ +___ +___ +___ +___ +___ =32

▲ 꽃 네 송이가 든 바구니가 아홉 개 있어요. 꽃은 모두 몇 송이일까요?

4 × ___ =36, ___ +___ +___ +___ +___ +___ +___ +___ +___ =36

여행 5일

네번째 별 – 사업가의 별

구구단을 외자~!

오 일은 오
$5 \times 1 = 5$

오 이 십
$5 \times 2 = 10$

오 삼 십오
$5 \times 3 = 15$

오 사 이십
$5 \times 4 = 20$

오 오 이십오
$5 \times 5 = 25$

오 육 삼십
$5 \times 6 = 30$

오 칠 삼십오
$5 \times 7 = 35$

오 팔 사십
$5 \times 8 = 40$

오 구 사십오
$5 \times 9 = 45$

여행5일
네번째 별 – 사업가의 별

여행 5일 ● **네번째 별 - 사업가의 별**

　내가 네 번째로 가 닿은 별 역시 아주 작은 혹성이었어. 이곳에는 어떤 사람이 앉아서 자기 일을 하느라 정신이 푹 빠져서 내가 가까이 가는 것도 모르지 뭐야.
　"3더하기

어린왕자와 함께 떠나는
구구단여행

2는 5, 5더하기 7은 12, 12더하기 3은 15, …"

나는 그의 일을 방해하기는 싫었지만 그가 무엇을 하는지 궁금해서 견딜 수가 없었어. 그래서 그만 그에게 말을 붙이고 말았단다.

"안녕하세요? 지금 무얼 하고 계셔요?"

하지만 그는 여전히 뭔가를 열심히 계산하느라 고개조차 들지 않았어.

"22더하기 6은 28, 28더하기 8은 36, 안녕, 36더하기 5

▲ 왕뱀 다섯 마리가 든 울타리 하나가 있다 (다섯 개짜리 묶음이 한 개 있다)
5 × 1 = 5

▲ 왕뱀 다섯 마리가 든 울타리 두 개가 있다 (다섯 개짜리 묶음이 두 개 있다)
5 × 2 = 10 (5+5=10)

여행5일
네번째 별 - 사업가의 별

는 41, 담뱃불을 붙일 시간도 없어. 41더하기 7은 48, … 야! 이제 5억162만2천731이 되었군."

나는 어마어마한 숫자에 놀라서 나도 모르게 되물었어.

"5억 얼마라고요?"

그러자 그 사람은 놀란 듯이 나를 쳐다보면서 말을 했어.

"어? 아직도 거기에 있었니? 5억1백만, 나는 계속해서 일을 해야해. 나는 지금 중요한 일을 하고 있거든. 2더하기 5는 7,…, 휴, 나는 54년간 이 별에서 살아왔지만 지금까지

▲ 왕뱀 다섯 마리가 든 울타리 세 개가 있다 (다섯 개짜리 묶음이 세 개 있다)
5 × 3=15 (5+5+5=15)

내가 하는 일에 방해를 받은 건 딱 세 번밖에 없었어. 첫 번째는 22년 전 현기증을 일으킨 거위가 어디선가 날아와서 떨어졌을 때였고, 두 번째는 11년 전 류마티즘에 걸려서 아파서 일을 할 수 없었을 때였어. 세 번째가 바로 지금이야. 나는 쓸데없는 일로 시간을 낭비할 수 없어. 빈둥거릴 시간이 없단 말이야. 내가 5억1백만이라고 했지?"

나는 그가 무엇을 세고 있는지 여전히 궁금했기 때문에 또 물을 수밖에 없었어.

▲ 왕뱀 다섯 마리가 든 울타리 네 개가 있다 (다섯 개짜리 묶음이 네 개 있다)
5 × 4=20 (5+5+5+5=20)

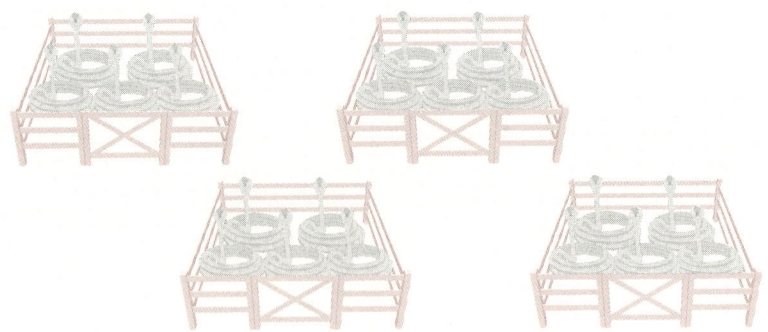

여행5일
네번째 별 – 사업가의 별

"지금 뭘 세고 계시는 거예요?"

그는 도저히 안되겠다는 듯이 고개를 흔들더니 어쩔 수 없다는 듯이 대답을 했어.

"지금 저기 반짝이는 것들 말야, 나는 저것들을 헤아리고 있어"

그의 손끝을 따라가자 넓은 우주에 크고 작은 수많은 별들이 쉼 없이 반짝거리고 있었어. 나는 곧 그가 세고 있는 것이 별이란 걸 알았지.

▲ 왕뱀 다섯 마리가 든 울타리 다섯 개가 있다 (다섯 개짜리 묶음이 다섯 개 있다)
5 × 5=25 (5+5+5+5+5=25)

"5억이나 되는 별들을 헤아려서 뭘 하시게요?"

그는 자랑스러운 듯 으쓱거리며 대답했어.

"5억162만2천731이야. 내 숫자는 정확해. 나는 그냥 이것을 헤아리고 가질 뿐이야."

나는 그 많은 별을 그가 가진다는 말에 깜짝 놀라서 되물었어.

"그 별들을 모두 아저씨가 가진다고요? 그 많은 별들을 가져서 도대체 무엇하시게요?"

▲ 왕뱀 다섯 마리가 든 울타리 여섯 개가 있다 (다섯 개짜리 묶음이 여섯 개 있다)
5 × 6=30 (5+5+5+5+5+5=30)

네번째 별 - 사업가의 별

그는 여전히 자랑스러운 듯이 대답했어.

"그냥 관리하는 거야. 나는 이 별들을 가지기로 한 첫 번째 사람이거든. 그리고 사업가야. 나는 이 별들의 숫자를 정확하게 계산하고 또 계산하지. 그건 매우 중요하고도 어려운 일이야."

나는 그의 말이 도무지 이해되지 않아서 다시 물어보았어.

"실크스카프를 가지게 되면 목에 두르고 다닐 수 있어요.

▲ 왕뱀 다섯 마리가 든 울타리 일곱 개가 있다 (다섯 개짜리 묶음이 일곱 개 있다)
5×7=35 (5+5+5+5+5+5+5=35)

어린왕자와 함께 떠나는
구구단여행

꽃이 내 것이라면 그것을 꺾어 가지고 다닐 수 있지요. 하지만 별을 가진다고요? 별은 하늘에서 딸 수가 없잖아요."

그는 내 말에 기분이 상한 듯이 대답했어.

"나는 별을 은행에 맡길 수가 있어. 종이에다가 그 숫자를 정확하게 적어서 서랍 속에다 넣고 열쇠로 잠그는 거지. 그것으로 나는 충분해. 나는 5억 개가 넘는 별을 가진, 엄청난 부자거든."

나는 도저히 그를 이해할 수 없었어. 그렇다고 해서 내가

▲ 왕뱀 다섯 마리가 든 울타리 여덟 개가 있다 (다섯 개짜리 묶음이 여덟 개 있다)
5×8=40 (5+5+5+5+5+5+5+5=40)

여행5일
네번째 별 – 사업가의 별

어떻게 그의 굳어진 생각을 되돌려놓을 수 있겠니? 그래서 그냥 그 별을 떠나기로 했어.

머릿속으로는 '어른들은 정말 별난 것 같다'는 생각을 하면서 나는 다른 별을 향해서 걸음을 옮겼단다.

▲ 왕뱀 다섯 마리가 든 울타리 아홉 개가 있다 (다섯 개짜리 묶음이 아홉 개 있다)
5 × 9=45 (5+5+5+5+5+5+5+5+5=45)

 이것은 양이 있을 상자일 뿐이야.
네가 원하는 양은 이 상자 안에 들어있어.

1) 다음 식에서 지시한 것을 풀어쓰세요.
(예) **5 × 1=5**
(양 _5_ 마리가 든 상자가 _1_ 개 있다. 양은 모두 _5_ 마리)

5 × 2=10 (양___마리가 든 상자가___개 있다. 양은 모두___마리)
5 × 3=15 (양___마리가 든 상자가___개 있다. 양은 모두___마리)
5 × 4=20 (양___마리가 든 상자가___개 있다. 양은 모두___마리)
5 × 5=25 (양___마리가 든 상자가___개 있다. 양은 모두___마리)
5 × 6=30 (양___마리가 든 상자가___개 있다. 양은 모두___마리)
5 × 7=35 (양___마리가 든 상자가___개 있다. 양은 모두___마리)
5 × 8=40 (양___마리가 든 상자가___개 있다. 양은 모두___마리)
5 × 9=45 (양___마리가 든 상자가___개 있다. 양은 모두___마리)

여행5일

네번째 별 – 사업가의 별

양이 꽃을 먹어버리면 어떡하지요? 네가 사랑하는 꽃은 위험하지 않아. 너의 양에게 씌울 입 마개와 꽃을 둘러쌀 울타리를 그려줄게.

2) 다음 문제에서 지시한대로 곱셈식과 덧셈식을 써보세요.
그리고 그림이 있는 곳에는 숫자만큼 색칠하세요.

(예) 꽃 다섯송이가 든 바구니가 한 개 있어요. 꽃은 모두 몇 송이일까요?
5 × 1=5, 5+0=5

▲ 꽃 다섯송이가 든 바구니가 두 개 있어요. 꽃은 모두 몇 송이일까요?
5 × ___ =10, ___ + ___ =10

▲ 꽃 다섯송이가 든 바구니가 세 개 있어요. 꽃은 모두 몇 송이일까요?
5 × ___ =15, ___ + ___ + ___ =15

▲ 꽃 다섯송이가 든 바구니가 네 개 있어요. 꽃은 모두 몇 송이일까요?
5 × ___ =20, ___ + ___ + ___ + ___ =20

▲ 꽃 다섯송이가 든 바구니가 다섯 개 있어요. 꽃은 모두 몇 송이일까요?
5 × ___ =25, ___ + ___ + ___ + ___ + ___ =25

▲ 꽃 다섯송이가 든 바구니가 여섯 개 있어요. 꽃은 모두 몇 송이일까요?

5 × ___=30, ___+___+___+___+___+___=30

▲ 꽃 다섯송이가 든 바구니가 일곱 개 있어요. 꽃은 모두 몇 송이일까요?

5 × ___=35, ___+___+___+___+___+___+___=35

▲ 꽃 다섯송이가 든 바구니가 여덟 개 있어요. 꽃은 모두 몇 송이일까요?

5 × ___=40, ___+___+___+___+___+___+___+___=40

▲ 꽃 다섯송이가 든 바구니가 아홉 개 있어요. 꽃은 모두 몇 송이일까요?

5 × ___=45, ___+___+___+___+___+___+___+___+___=45

여행 6일

다섯번째 별 – 불켜는 사람의 별

구구단을 외자~!

육 일은 육
$6 \times 1 = 6$

육 이 십이
$6 \times 2 = 12$

육 삼 십팔
$6 \times 3 = 18$

육 사 이십사
$6 \times 4 = 24$

육 오 삼십
$6 \times 5 = 30$

육 육 삼십육
$6 \times 6 = 36$

육 칠 사십이
$6 \times 7 = 42$

육 팔 사십팔
$6 \times 8 = 48$

육 구 오십사
$6 \times 9 = 54$

여행6일
다섯번째 별 - 불 켜는 사람의 별

여행 6일 ● **다섯번째 별 - 불 켜는 사람의 별**

 이 별은 아주 이상했어. 내가 지금까지 가본 별 중에서 가장 작았지. 얼마나 작았느냐고? 겨우 가로등 한 개와 그 가로등에 불을 밝힐

사람이 있을만한 정도였어. 그 크기가 얼마나 작은지 이제 상상이 되니?

　나는 이 작은 별에 가로등이 있고, 또 불을 켜는 사람이 있다는 것이 이상했어. 하지만 가로등을 밝히는 일은 별을 더 빛나게 하기 위한 것이 아닐까 하는 생각이 들었어. 생각해 보렴. 그것은 마치 꽃 한 송이를 피우는 것처럼 아름다운 일이지 않니.

　그래서 나는 그 별에 살고 있는, 가로등에 불을 켜는 사람

▲ 왕뱀 여섯 마리가 든 울타리 하나가 있다 (여섯 개짜리 묶음이 한 개 있다)
6 × 1 = 6

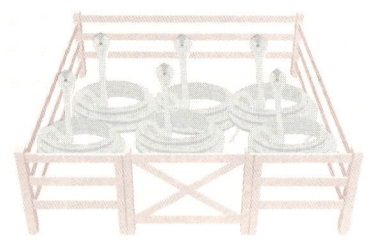

다섯번째 별 – 불 켜는 사람의 별

에게 공손하게 인사를 했어.

"안녕하세요, 아저씨? 그런데 왜 방금 불을 끄셨나요?"

하지만 그는 무표정하게 대답을 했어.

"그건 명령이기 때문이지. 잘 자."

나는 또 물었어.

"그럼 왜 방금 불을 켜셨나요?"

그는 여전히 무표정하게 대답했어.

"그건 명령이기 때문이지. 명령은 명령이니까. 안녕"

▲ 왕뱀 여섯 마리가 든 울타리 두 개가 있다 (여섯 개짜리 묶음이 두 개 있다)
6 × 2=12 (6+6=12)

▲ 왕뱀 여섯 마리가 든 울타리 세 개가 있다 (여섯 개짜리 묶음이 세 개 있다)
6 × 3=18 (6+6+6=18)

나는 도무지 이해할 수가 없었어. 그는 내가 이해하든 말든 또 곧 불을 껐어. 그리고는 힘이 든다는 듯이 손수건을 꺼내 이마의 땀을 닦았어.

"정말 힘든 일이야. 전에는 그래도 아침에는 불을 끄고, 밤에는 불을 켰기 때문에, 낮에는 쉬고 밤에는 잠을 잘 수가 있었어. 그런데 별이 점점 빨리 돌기 시작했어. 그런데도 명령은 그대로 거든. 지금 별은 1분에 한바퀴씩 도니까 나는 1초도 쉴 새가 없어진 거야."

▲ 왕뱀 여섯 마리가 든 울타리 네 개가 있다 (여섯 개짜리 묶음이 네 개 있다)
6 × 4=24 (6+6+6+6=24)

▲ 왕뱀 여섯 마리가 든 울타리 다섯 개가 있다 (여섯 개짜리 묶음이 다섯 개 있다)
6 × 5=30 (6+6+6+6+6=30)

여행6일

다섯번째 별 – 불 켜는 사람의 별

그는 말을 하면서 또 불을 켰어. 그러니까 이 별에서는 1분이 하루인 셈이었지. 그는 또 불을 끄면서 말을 했어.

"지금 우리가 말하는 사이 한 달이 흘렀어. 벌써 30분이 지났으니까. 잘 자."

나는 그가 너무 안쓰러워서 도와주고 싶은 생각이 들었어. 그래서 조심스럽게 말을 꺼냈지.

"이 별은 너무 작아서 세 발짝만 걸으면 다 돌 수 있어요. 그러니까 아저씨가 쉬고싶을 때는 언제든지 쉴 수 있잖아

▲ 왕뱀 여섯 마리가 든 울타리 여섯 개가 있다 (여섯 개짜리 묶음이 여섯 개 있다)
6 × 6=36 (6+6+6+6+6+6=36)

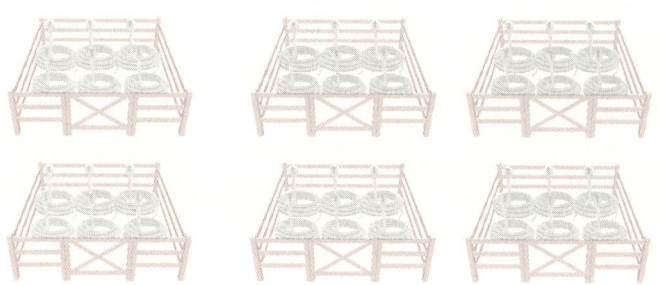

어린왕자와 함께 떠나는
구구단여행

요. 걷기만 하면 항상 낮이 계속될 테니까요."

하지만 그는 머리를 흔들면서 대답했어.

"그것은 나에게 도움이 안돼. 내가 원하는 것은 잠을 자는 거거든. 안녕."

또 불을 켜는 그를 뒤에 남겨둔 채 나는 다시 길을 떠났어. 하루에 1천440번이나 해가 지는 것을 볼 수 있는 별을 떠나는 것이 좀 아쉬웠지만, 그 별은 두 사람이 함께 서 있기에 너무 좁았거든.

▲ 왕뱀 여섯 마리가 든 울타리 일곱 개가 있다 (여섯 개짜리 묶음이 일곱 개 있다)
$6 \times 7 = 42$ (6+6+6+6+6+6+6=42)

▲ 왕뱀 여섯 마리가 든 울타리 일곱 개가 있다 (여섯 개짜리 묶음이 일곱 개 있다)
$6 \times 8 = 48$ (6+6+6+6+6+6+6+6=48)

▲ 왕뱀 여섯 마리가 든 울타리 일곱 개가 있다 (여섯 개짜리 묶음이 일곱 개 있다)
$6 \times 9 = 54$ (6+6+6+6+6+6+6+6+6=54)

여행6일
다섯번째 별 – 불 켜는 사람의 별

 이것은 양이 있을 상자일 뿐이야.
네가 원하는 양은 이 상자 안에 들어있어.

1) 다음 식에서 지시한 것을 풀어쓰세요.
(예) **6 × 1=6**
(양 _6_ 마리가 든 상자가 _1_ 개 있다. 양은 모두 _6_ 마리)

6 × 2=12 (양 ___ 마리가 든 상자가 ___ 개 있다. 양은 모두 ___ 마리)
6 × 3=18 (양 ___ 마리가 든 상자가 ___ 개 있다. 양은 모두 ___ 마리)
6 × 4=24 (양 ___ 마리가 든 상자가 ___ 개 있다. 양은 모두 ___ 마리)
6 × 5=30 (양 ___ 마리가 든 상자가 ___ 개 있다. 양은 모두 ___ 마리)
6 × 6=36 (양 ___ 마리가 든 상자가 ___ 개 있다. 양은 모두 ___ 마리)
6 × 7=42 (양 ___ 마리가 든 상자가 ___ 개 있다. 양은 모두 ___ 마리)
6 × 8=48 (양 ___ 마리가 든 상자가 ___ 개 있다. 양은 모두 ___ 마리)
6 × 9=54 (양 ___ 마리가 든 상자가 ___ 개 있다. 양은 모두 ___ 마리)

여행6일
다섯번째 별 – 불 켜는 사람의 별

양이 꽃을 먹어버리면 어떡하지요? 네가 사랑하는 꽃은 위험하지 않아. 너의 양에게 씌울 입 마개와 꽃을 둘러쌀 울타리를 그려줄게.

2) 다음 문제에서 지시한대로 곱셈식과 덧셈식을 써보세요. 그리고 그림이 있는 곳에는 숫자만큼 색칠하세요.

(예) 꽃 여섯송이가 든 바구니가 한 개 있어요. 꽃은 모두 몇 송이일까요?
6 × 1=6, 6+0=6

▲ 꽃 여섯송이가 든 바구니가 두 개 있어요. 꽃은 모두 몇 송이일까요?
6 × ___ =12, ___ + ___ =12

▲ 꽃 여섯송이가 든 바구니가 세 개 있어요. 꽃은 모두 몇 송이일까요?
6 × ___ =18, ___ + ___ + ___ =18

▲ 꽃 여섯송이가 든 바구니가 네 개 있어요. 꽃은 모두 몇 송이일까요?
6 × ___ =24, ___ + ___ + ___ + ___ =24

▲ 꽃 여섯송이가 든 바구니가 다섯 개 있어요. 꽃은 모두 몇 송이일까요?
6 × ___ =30, ___ + ___ + ___ + ___ + ___ =30

▲ 꽃 여섯송이가 든 바구니가 여섯 개 있어요. 꽃은 모두 몇 송이일까요?

6 × ___ =36, ___+___+___+___+___+___=36

▲ 꽃 여섯송이가 든 바구니가 일곱 개 있어요. 꽃은 모두 몇 송이일까요?

6 × ___ =42, ___+___+___+___+___+___+___=42

▲ 꽃 여섯송이가 든 바구니가 여덟 개 있어요. 꽃은 모두 몇 송이일까요?

6 × ___ =48, ___+___+___+___+___+___+___+___=48

▲ 꽃 여섯송이가 든 바구니가 아홉 개 있어요. 꽃은 모두 몇 송이일까요?

6 × ___ =54, ___+___+___+___+___+___+___+___+___=54

여행 7일
여섯번째 별 – 지리학자의 별

구구단을 외자~!

| 칠 일은칠
$7 \times 1 = 7$ | 칠 이 십사
$7 \times 2 = 14$ | 칠 삼 이십일
$7 \times 3 = 21$ |

| 칠 사 이십팔
$7 \times 4 = 28$ | 칠 오 삼십오
$7 \times 5 = 35$ | 칠 육 사십이
$7 \times 6 = 42$ |

| 칠 칠 사십구
$7 \times 7 = 49$ | 칠 팔 오십육
$7 \times 8 = 56$ | 칠 구 육십삼
$7 \times 9 = 63$ |

여행7일
여섯번째 별 – 지리학자의 별

여행 7일 ● 여섯번째 별 - 지리학자의 별

내가 여섯 번째 가 닿은 별은 큰 별이었어. 바로 전에 들렀던 별보다는 10배쯤 컸지. 그곳에는 나이가 많은 할아버지 한 분이 커다란 책을 앞에 놓고 앉아 있었어.

그는 내가 도착하자마자 크게 소리쳤어.

"오! 탐험가가 오는구나."

나는 숨을 몰아쉬면서 자리에 앉았지. 이미 꽤 먼 거리를 여행했기 때문에 무척 지쳐있었거든. 그래서 할아버지에게 인사를 건네는 것도 잊고 숨만 헐떡이면서 앉아있었던 거야. 기다리다 못한 할아버지가 나에게 먼저 말을 건넸어.

"어디에서 오는 거니?"

나는 겨우 정신을 차리고 인사를 했지. 그런데 할아버지 앞에는 아주 커다란 책이 놓여있었어. 나는 그의 책을 건네

▲ 왕뱀 일곱 마리가 든 울타리 하나가 있다 (일곱 개짜리 묶음이 한 개 있다)
7 × 1 = 7

여행7일
여섯번째 별 - 지리학자의 별

다 보면서 물었어.

"그 커다란 책은 뭐지요? 그리고 할아버지는 여기서 뭘 하고 계셔요?"

그는 점잖게 대답했어.

"나는 지리학자야. 그리고 이 책에다 어디에 바다가 있는지, 산이 있는지, 강이 있는지, 도시가 있는지, 사막이 있는지를 하나하나 적고 그려 넣고 있단다."

나는 너무 신기해서 그의 책을 가까이 들여다보면서 물었

▲ 왕뱀 일곱 마리가 든 울타리 두 개가 있다 (일곱 개짜리 묶음이 두 개 있다)
7 × 2 = 14 (7+7=14)

어.

"정말 멋있는 직업을 가진 분을 만났군요. 할아버지의 별은 내가 지금까지 봐온 어떤 별 보다도 크고 아름다워요. 이곳에 바다도 있나요?"

그는 아무렇지도 않은 듯이 대답을 했어.

"그건 나도 몰라. 나는 지리학자일 뿐이지, 탐험가는 아니기든. 그리고 이 별에는 단 한사람의 탐험가도 없단다. 지리학자는 중요한 일이 너무 많아서 밖에 돌아다니면서 강

▲ 왕뱀 일곱 마리가 든 울타리 세 개가 있다 (일곱 개짜리 묶음이 세 개 있다)
7 × 3=21 (7+7+7=21)

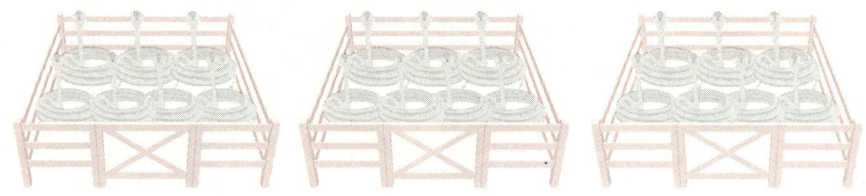

여행7일
여섯번째 별 – 지리학자의 별

이나 산, 바다, 사막 등을 셀 시간이 없단다. 그래서 탐험가가 오면 그에게 이것저것을 물어서 책에다 기록해두는 거야. 하지만 그보다 더 중요한 것은 그 탐험가가 참말을 하는지 거짓말을 하는지를 잘 살펴봐야 한다는 거야."

나는 이해할 수 없어서 되물었지.

"그건 어째서 그렇죠?"

그는 헛기침을 한 번 하고 나서 대답했어.

"만약 탐험가가 거짓말을 하면 지리학자의 책이 엉망이

▲ 왕뱀 일곱 마리가 든 울타리 네 개가 있다 (일곱 개짜리 묶음이 네 개 있다)
$7 \times 4 = 28$ $(7+7+7+7=28)$

되니까. 술을 많이 먹는 탐험가도 조사를 받게 되지. 왜냐하면 술에 취한 사람은 물건을 둘로 보기 때문이야. 만약 하나 있는 산을 보고 둘이 있다고 착각해서 말하면 지리학자의 기록은 엉터리가 되고 말겠지? 또, 탐험가가 술도 마시지 않았고 거짓말은 절대로 안할 사람처럼 보인다고 하더라도 일단은 조사를 해봐야 하지."

나는 고개를 갸웃거리며 되물었어.

"그걸 누가 조사하러가나요? 이 별에는 할아버지 한 분뿐

▲ 왕뱀 일곱 마리가 든 울타리 다섯 개가 있다 (일곱 개짜리 묶음이 다섯 개 있다)
7 × 5=35 (7+7+7+7+7=35)

 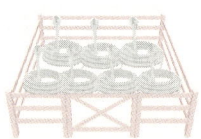 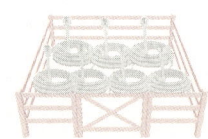
 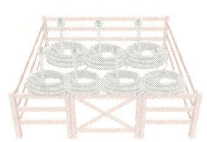

여행7일
여섯번째 별 – 지리학자의 별

인데요."

그는 나를 똑바로 쳐다보면서 대답했어.

"조사하러 가지는 않아. 대신 탐험가에게 증거가 될만한 것들을 달라고 하는 거야. 예를 들면, 그가 큰산을 발견했다고 한다면 그 증거로 그 산에 있는 돌을 몇 개 달라고 하는 식이지."

나는 고개를 끄덕였어. 그러자 그 지리학자라는 할아버지는 갑자기 눈을 반짝이며 나에게 소리를 지르는 거야.

▲ 왕뱀 일곱 마리가 든 울타리 여섯 개가 있다 (일곱 개짜리 묶음이 여섯 개 있다)
7 × 6=42 (7+7+7+7+7+7=42)

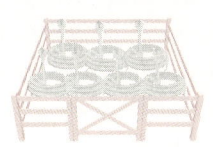 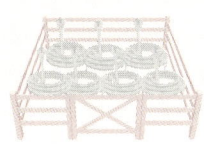 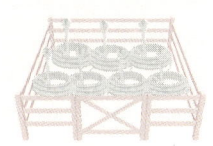

"맞아! 너도 먼데서 왔지? 어디서 왔니? 너는 탐험가야. 네 별에 대해서 자세하게 이야기를 해주려무나."

나는 내가 살던 별을 떠올리면서 하나씩 이야기를 꺼내 놓았어.

"내가 사는 곳은 아주 작은 별이어요. 화산이 셋 있는데, 두 개는 활화산이고 하나는 사화산 이예요. 또 꽃도 한 송이 있어요."

내 말을 잘 깎은 연필로 적어나가던 그는 단호한 목소리

▲ 왕뱀 일곱 마리가 든 울타리 일곱 개가 있다 (일곱 개짜리 묶음이 일곱 개 있다)
7 × 7 = 49 (7+7+7+7+7+7+7=49)

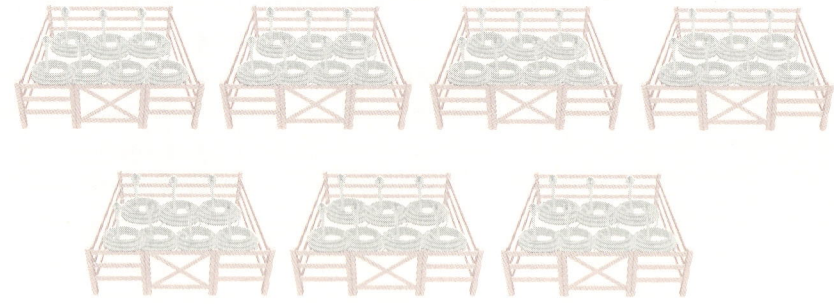

여행7일
여섯번째 별 – 지리학자의 별

로 말했어.

"꽃은 기록 안 해."

나는 놀라서 되물었어.

"왜요? 내 별에서 가장 아름다운 것이 바로 그 꽃인데요."

그는 다시 한번 목소리에 힘을 주어서 대답했어.

"꽃 같은 것은 적지 않는다니까. 그런 것들은 덧없는 것들이거든. 우리는 산이나 강처럼 영원히 변치 않는 것들만 적어두는 거야."

▲ 왕뱀 일곱 마리가 든 울타리 여덟 개가 있다 (일곱 개짜리 묶음이 여덟 개 있다)
7 × 8=56 (7+7+7+7+7+7+7+7=56)

나는 풀이 죽은 목소리로 되물었어.

"덧없다는 것이 무슨 뜻이죠?"

그러자 그는 목소리를 약간 누그러뜨리면서 대답했어.

"곧 사라질 수도 있다는 뜻이야."

나는 갑자기 꽃이 보고싶어졌어. 갑자기 사라질 위험이 있는 그 연약한 꽃을 홀로 버려 두고 왔다고 생각하니까 너무 미안한 생각이 들었어. 하지만 어쩌겠니? 나는 아직 더 많은 곳을 보고 더 많을 것을 배우고 느껴야 하는 걸…

▲ 왕뱀 일곱 마리가 든 울타리 아홉 개가 있다 (일곱 개짜리 묶음이 아홉 개 있다)
7 × 9=63 (7+7+7+7+7+7+7+7+7=63)

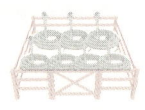   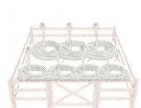

여행7일
여섯번째 별 – 지리학자의 별

나는 숨을 크게 한 번 들이킨 다음 지리학자 할아버지에게 물었어.

"나는 여행을 계속하고 싶어요. 어떤 별에 가는 것이 좋을지 알려주세요."

그는 주저 않고 대답했어.

"지구에 가보지 그러니. 그곳은 좋은 곳으로 소문이 나 있더구나."

나는 할아버지의 말을 듣고 지구를 향해 길을 떠났어.

이것은 양이 있을 상자일 뿐이야.
네가 원하는 양은 이 상자 안에 들어있어.

1) 다음 식에서 지시한 것을 풀어쓰세요.

(예) **7 × 1=7**

(양 <u>7</u> 마리가 든 상자가 <u>1</u> 개 있다. 양은 모두 <u>7</u> 마리)

7 × 2=14 (양 ___ 마리가 든 상자가 ___ 개 있다. 양은 모두 ___ 마리)
7 × 3=21 (양 ___ 마리가 든 상자가 ___ 개 있다. 양은 모두 ___ 마리)
7 × 4=28 (양 ___ 마리가 든 상자가 ___ 개 있다. 양은 모두 ___ 마리)
7 × 5=35 (양 ___ 마리가 든 상자가 ___ 개 있다. 양은 모두 ___ 마리)
7 × 6=42 (양 ___ 마리가 든 상자가 ___ 개 있다. 양은 모두 ___ 마리)
7 × 7=49 (양 ___ 마리가 든 상자가 ___ 개 있다. 양은 모두 ___ 마리)
7 × 8=56 (양 ___ 마리가 든 상자가 ___ 개 있다. 양은 모두 ___ 마리)
7 × 9=63 (양 ___ 마리가 든 상자가 ___ 개 있다. 양은 모두 ___ 마리)

여섯번째 별 – 지리학자의 별

 양이 꽃을 먹어버리면 어떡하지요? 네가 사랑하는 꽃은 위험하지 않아. 너의 양에게 씌울 입 마개와 꽃을 둘러쌀 울타리를 그려줄게.

2) 다음 문제에서 지시한대로 곱셈식과 덧셈식을 써보세요.
   그리고 그림이 있는 곳에는 숫자만큼 색칠하세요.

(예) 꽃 일곱송이가 든 바구니가 한 개 있어요. 꽃은 모두 몇 송이일까요?
   7 × 1=7, 7+0=7

▲ 꽃 일곱송이가 든 바구니가 두 개 있어요. 꽃은 모두 몇 송이일까요?
   7 × ___ =14, ___ + ___ =14

▲ 꽃 일곱송이가 든 바구니가 세 개 있어요. 꽃은 모두 몇 송이일까요?
   7 × ___ =27, ___ + ___ + ___ =27

▲ 꽃 일곱송이가 든 바구니가 네 개 있어요. 꽃은 모두 몇 송이일까요?
   7 × ___ =28, ___ + ___ + ___ + ___ =28

▲ 꽃 일곱송이가 든 바구니가 다섯 개 있어요. 꽃은 모두 몇 송이일까요?
   7 × ___ =35, ___ + ___ + ___ + ___ + ___ =35

어린왕자와 함께 떠나는 구구단여행

▲ 꽃 일곱송이가 든 바구니가 여섯 개 있어요. 꽃은 모두 몇 송이일까요?

7 × ___ =42, ___ + ___ + ___ + ___ + ___ + ___ =42

▲ 꽃 일곱송이가 든 바구니가 일곱 개 있어요. 꽃은 모두 몇 송이일까요?

7 × ___ =49, ___ + ___ + ___ + ___ + ___ + ___ + ___ =49

▲ 꽃 일곱송이가 든 바구니가 여덟 개 있어요. 꽃은 모두 몇 송이일까요?

7 × ___ =56, ___ + ___ + ___ + ___ + ___ + ___ + ___ + ___ =56

▲ 꽃 일곱송이가 든 바구니가 아홉 개 있어요. 꽃은 모두 몇 송이일까요?

7 × ___ =63, ___ + ___ + ___ + ___ + ___ + ___ + ___ + ___ + ___ =63

여행 8일

일곱번째 별 - 지구

구구단을 외자~!

팔 일은 팔
$8 \times 1 = 8$

팔 이 십육
$8 \times 2 = 16$

팔 삼 이십사
$8 \times 3 = 24$

팔 사 삼십이
$8 \times 4 = 32$

팔 오 사십
$8 \times 5 = 40$

팔 육 사십팔
$8 \times 6 = 48$

팔 칠 오십육
$8 \times 7 = 56$

팔 팔 육십사
$8 \times 8 = 64$

팔 구 칠십이
$8 \times 9 = 72$

여행8일
일곱번째 별 – 지구

여행 8일 ● **일곱번째별 - 지구**

   이렇게 해서 나는 일곱 번째 여행지이자, 너희들이 살고 있는 별인 지구에 도착했지. 그런데 지구는 내가 지금까지 가 보았던 다른 별들과는 아주 많이 달랐어. 이곳에는 111명의 왕과 7천명의 지리학자, 90만 명의 사업가,

750만 명의 술고래, 3억1천1백만 명의 잘난체 하는 사람 등, 모두 합쳐서 약 20억의 어른들이 살고 있다고 하는구나. 나는 이 어마어마한 숫자에 눈만 휘둥그레질 뿐이야. 그리고 전기가 발명되기 전까지는 가로등을 켜는 데만 46만2천511명의 불 켜는 사람이 필요했다고 하더군. 정말 놀랄만한 숫자이지 않니?

내가 이곳에 도착해서 가장 처음 만난 것은 금빛 팔지 모양을 한 뱀이었어. 뱀은 달빛을 받아 등을 반짝거리면서 끝이 안 보이는 모래 위를 지나가고 있었어.

나는 뱀에게 예의 바르게 물었어.

"안녕? 이 별은 무슨 별이지? 이곳에는 사람이 살지 않니?"

뱀은 나를 쳐다보더니 걸음을 멈추고는 대답했어.

"이곳은 지구야. 여기는 아프리카고. 사막이야. 사막에는 사람이 살지 않지. 지구는 굉장히 크단다."

여행8일
일곱번째 별 - 지구

나는 돌에 걸터앉으며 다시 물었어.

"그럼 사람들은 어디에 있니? 사막은 좀 쓸쓸하구나."

뱀은 여전히 등을 빛내며 대답했어.

"사람이 사는 곳도 여전히 쓸쓸해."

나는 한참동안 뱀을 들여다보았어. 정말 이상하게 생긴 동물이라는 생각이 들었어. 손가락처럼 몸이 가느다랗고 다리도 없고….

내 생각을 알아차린 듯 뱀은 나에게 말을 건넸어.

여행8일
일곱번째 별 - 지구

"이렇게 보여도 나는 왕의 손가락보다도 더 강하단다. 나는 너를 그 어떤 배보다도 더 멀리 데려다 줄 수 있어. 만약 네가 네 별이 그리워서 돌아가고 싶어지면 나를 부르렴. 내가 너를 도와줄 수 있을 거야."

뱀과 헤어져서 나는 사막을 걷기 시작했어. 사막을 지나고 바위를 지나고 오랫동안 걷다보니 마침내 길 하나가 나타났어. 그 길은 사람들이 살고 있는 마을로 이어져 있었단다. 나는 길을 따라 마을로 들어갔어. 그리고 어떤 집 정원

 에 수많은 장미꽃이 피어 있는 것을 보았어. 나는 깜짝 놀랐지. 내가 단 한 송이뿐인 줄 알았던 장미꽃이 이곳에는 수천 송이도 넘게 있었거든. 나는 내 별에 있는 장미가 생각나서 풀밭에 엎드려 소리내어 울기 시작했어.

 바로 그때, 여우가 나타났단다. 여우는 상냥한 목소리로 나에게 인사를 건넸어.

 "안녕? 나는 여우라고 해. 나는 지금 사과나무 밑에 있어. 나를 길들여주지 않을래? 그러면 나는 너랑 놀아줄 수가

일곱번째 별 – 지구

있어."
 나는 좀 떨어진 곳에 서 있는 여우를 쳐다보면서 물었어.
 "길들인다는 게 무슨 뜻이지?"
 여우는 상냥한 목소리로 차근차근 설명해 주었어.
 "그것은 인연을 맺는다는 뜻이야. 지금 내가 보기에 너는 평범한 소년이야. 나도 네가 보기에 평범한 여우일 뿐이야. 하지만 우리가 서로를 길들인다면, 우리는 서로에게 특별해져. 나는 다른 사람의 발자국 소리를 들으면 굴로 숨어버리겠지만, 네 발소리를 들으면 즐거워하면서 굴에서 뛰어나오겠지? 그리고 밀밭을 보면서 너의 황금빛 머리카락을 떠올리게 될 거야."
 나는 여우에게 물었어.
 "그럼 길들이려면 어떻게 해야하지?"
 여우는 대답했어.
 "우선 참고 견딜 수 있어야 해. 처음에는 적당한 거리를 두고 떨어져서 서로를 말없이 쳐다보아야 해. 그러다 보면 우리는 조금씩 서로에게 가까이 다가가 앉을 수 있게 될 거야."

 이렇게 해서 여우와 나는 서로를 길들이게 되었어. 나와 헤어질 때 여우가 말했어.

 "내가 비밀 한가지를 알려줄게. 바로, 중요한 것은 눈에 보이지 않는다는 거야. 마음으로 보아야만 바르게 볼 수 있단다. 네 장미는 저곳에 핀 수많은 장미하고는 달라. 왜냐하면 너와 장미는 서로를 길들였기 때문이야. 나도 이제 너에게 있어서 이 세상에서 하나밖에 없는 여우가 되었어. 나는 밀밭을 보면서 네 생각을 하게 될 거야."

 여우와 헤어져서 나는 다시 길을 떠났어. 도중에 철도원과 장사꾼을 만나기도 했지. 그리고 다시 사막으로 돌아왔단다. 사람들이 사는 곳으로부터 1천 마일이나 떨어진 곳이었어.

여행8일
일곱번째 별 – 지구

거기서 나는 오래도록 기억나는 친구 한사람을 만나게 되었단다. 그는 비행기 엔진이 고장나서 벌써 몇일 째 혼자 사막에 머무르고 있었지. 그에게는 마실 물도 1주일 분량밖에 남아있지 않았어.

나는 잠든 그에게로 살며시 다가가서 말했어.

"여보세요. 양 한 마리만 그려주세요."

잠에서 깬 그는 깜짝 놀라며 되물었어.

"뭐라고?"

▲ 왕뱀 여덟 마리가 든 울타리 하나가 있다 (여덟 개짜리 묶음이 한 개 있다)
8 × 1=8

▲ 왕뱀 여덟 마리가 든 울타리 두 개가 있다 (여덟 개짜리 묶음이 두 개 있다)
8 × 2=16 (8+8=16)

▲ 왕뱀 여덟 마리가 든 울타리 세 개가 있다 (여덟 개짜리 묶음이 세 개 있다)
8 × 3=24 (8+8+8=24)

여행8일
일곱번째 별 – 지구

나는 다시 한번 부탁을 했지.

"양 한 마리만 그려줘요."

한동안 그는 너무 놀라서 말도 제대로 못하는 것 같았어. 하지만 곧 침착해져서 양을 그리기 시작했어. 처음에 그가 그린 것은 코끼리를 삼킨 왕뱀의 모습이었어. 나는 그게 아니라고 했지. 그러자 그는 다시 양을 그렸어. 하지만 나는 그 마치 양이 병에 걸려있는 듯이 보여서 싫다고 했어. 그는 또다시 그렸어. 하지만 그것은 꼭 염소처럼 보였어. 그

▲ 왕뱀 여덟 마리가 든 울타리 네 개가 있다 (여덟 개짜리 묶음이 네 개 있다)
8 × 4=32 (8+8+8+8=32)

▲ 왕뱀 여덟 마리가 든 울타리 다섯 개가 있다 (여덟 개짜리 묶음이 다섯 개 있다)
8 × 5=40 (8+8+8+8+8=40)

▲ 왕뱀 여덟 마리가 든 울타리 여섯 개가 있다 (여덟 개짜리 묶음이 여섯 개 있다)
8 × 6=48 (8+8+8+8+8+8=48)

는 다시 그렸어. 하지만 그것은 너무 늙어 보였어. 마침내 그는 상자 하나를 그려서 나에게 주면서 말했어.

"이건 양이 있을 상자일 뿐이야. 네가 원하는 양은 이 상자 안에 들어있단다."

그 그림은 내 마음에 꼭 들었어. 그러나 곧 이 양이 혹시 풀을 많이 먹는 것은 아닌지 걱정을 하지 않을 수 없었지. 왜냐하면 내 별은 아주 작은데 양이 먹을 만큼 많은 풀이 있을 리 없기 때문이지. 내 친구는 나의 걱정을 덜어주려는

▲ 왕뱀 여덟 마리가 든 울타리 일곱 개가 있다 (여덟 개짜리 묶음이 일곱 개 있다)
$8 \times 7 = 56$ $(8+8+8+8+8+8+8=56)$

▲ 왕뱀 여덟 마리가 든 울타리 여덟 개가 있다 (여덟 개짜리 묶음이 여덟 개 있다)
$8 \times 8 = 64$ $(8+8+8+8+8+8+8+8=64)$

▲ 왕뱀 여덟 마리가 든 울타리 아홉 개가 있다 (여덟 개짜리 묶음이 아홉 개 있다)
$8 \times 9 = 72$ $(8+8+8+8+8+8+8+8+8=72)$

일곱번째 별 - 지구

듯이 이렇게 말을 했어.

"이 양이 먹을 만큼의 풀은 있을 거야. 이 양은 아주 몸이 작거든."

이렇게 해서 나는 그와 친구가 되었어.

그가 마지막 물 한 방울까지도 마셔버린 날이었어. 우리는 우물을 찾아 출발했어. 몇 시간 동안이나 걸어도 우물은 보이지 않았어. 나는 너무 지쳐서 주저앉았지. 그도 내 옆에 따라 앉았단다. 우리는 나란히 앉아서 모래 이랑을 내려다보았어. 사막의 모래들은 신비한 빛을 띠고 너무나 아름답게 빛나고 있었어. 나는 그 아름다움에 취해서 나도 모르게 다음과 같은 말을 했단다.

"사막이 아름다운 건 어딘가에 샘을 숨기고 있기 때문일거야."

　내 친구는 눈을 반짝이면서 그 말을 되받았어.
　"맞아! 집이나 별이나 사막이나… 그들을 아름답게 만드는 것은 눈에 보이지 않는 것들 때문이야. 정말 소중한 것은 눈에 보이지 않는 법이지."
　그리고 나는 잠이 들었고, 그는 나를 안고 밤새 걸어서 마침내 우물을 발견해 냈어. 덕분에 우리는 정말 단 물을 마실 수 있었단다. 그는 또 엔진 고장의 이유를 알아냈고, 곧 사막을 떠날 수 있게 되었지.
　어느덧 내가 지구에 온지 꼭 1년째 되는 날이 되었어. 그 날은 내 별이 내가 내린 곳의 바로 위에 오는 날이지. 그것은 바로, 내가 곧 내 별로 되돌아갈 때가 되었음을 뜻하는 거야. 나는 내 별로 돌아가기로 마음먹었어. 그곳에는 내가 책임져야할 장미가 나를 기다리고 있을테니까 말이야.
　나는 처음 지구에 내렸던 곳으로 갔어. 그리고 내가 지구에 와서 가장 처음 만났던 뱀을 불러서 나를 내 별로 좀 데

여행8일
일곱번째 별 – 지구

려다 줄 수 있겠느냐고 물었어. 뱀은 아주 기뻐하면서 그렇게 해주겠다고 했어.

먼길을 떠나기에 앞서 나는 높은 돌담에 올라앉아서 마지막으로 지구의 모습을 내려다 보았단다. 사막에는 여전히 모래가 아름답게 반짝거리고 있었어.

곧 나는 담에서 내려와 걷기 시작했어. 내 뒤를 따라온 뱀이 내 발목을 한번 가볍게 감았다가 스르르 놓여났어. 그리고 내 몸은 점점 가벼워지기 시작했지. 그때, 어디선가 우물의 물을 길어 올리는 도르레 소리가 들려왔어. 그것은 내가 태어나 처음 들어보는, 아주 맑고 아름다운 음악 소리였단다.

 이것은 양이 있을 상자일 뿐이야.
네가 원하는 양은 이 상자 안에 들어있어.

1) 다음 식에서 지시한 것을 풀어쓰세요.
(예) **8 × 1=8**

(양 _8_ 마리가 든 상자가 _1_ 개 있다. 양은 모두 _8_ 마리)

8 × 2=16 (양___마리가 든 상자가 ___개 있다. 양은 모두___마리)
8 × 3=24 (양___마리가 든 상자가 ___개 있다. 양은 모두___마리)
8 × 4=32 (양___마리가 든 상자가 ___개 있다. 양은 모두___마리)
8 × 5=40 (양___마리가 든 상자가 ___개 있다. 양은 모두___마리)
8 × 6=48 (양___마리가 든 상자가 ___개 있다. 양은 모두___마리)
8 × 7=56 (양___마리가 든 상자가 ___개 있다. 양은 모두___마리)
8 × 8=64 (양___마리가 든 상자가 ___개 있다. 양은 모두___마리)
8 × 9=72 (양___마리가 든 상자가 ___개 있다. 양은 모두___마리)

여행8일
일곱번째 별 – 지구

양이 꽃을 먹어버리면 어떡하지요? 네가 사랑하는 꽃은 위험하지 않아. 너의 양에게 씌울 입 마개와 꽃을 둘러쌀 울타리를 그려줄게.

2) 다음 문제에서 지시한대로 곱셈식과 덧셈식을 써보세요.
   그리고 그림이 있는 곳에는 숫자만큼 색칠하세요.

(예) 꽃 여덟송이가 든 바구니가 한 개 있어요. 꽃은 모두 몇 송이일까요?
   $8 \times 1 = 8$, $8 + 0 = 8$

▲ 꽃 여덟송이가 든 바구니가 두 개 있어요. 꽃은 모두 몇 송이일까요?
   $8 \times \underline{\quad} = 16$, $\underline{\quad} + \underline{\quad} = 16$

▲ 꽃 여덟송이가 든 바구니가 세 개 있어요. 꽃은 모두 몇 송이일까요?
   $8 \times \underline{\quad} = 24$, $\underline{\quad} + \underline{\quad} + \underline{\quad} = 24$

▲ 꽃 여덟송이가 든 바구니가 네 개 있어요. 꽃은 모두 몇 송이일까요?
   $8 \times \underline{\quad} = 32$, $\underline{\quad} + \underline{\quad} + \underline{\quad} + \underline{\quad} = 32$

▲ 꽃 여덟송이가 든 바구니가 다섯 개 있어요. 꽃은 모두 몇 송이일까요?
   $8 \times \underline{\quad} = 40$, $\underline{\quad} + \underline{\quad} + \underline{\quad} + \underline{\quad} + \underline{\quad} = 40$

▲ 꽃 여덟송이가 든 바구니가 여섯 개 있어요. 꽃은 모두 몇 송이일까요?

8 × ___=48, ___+___+___+___+___+___=48

▲ 꽃 여덟송이가 든 바구니가 일곱 개 있어요. 꽃은 모두 몇 송이일까요?

8 × ___=56, ___+___+___+___+___+___+___=56

▲ 꽃 여덟송이가 든 바구니가 여덟 개 있어요. 꽃은 모두 몇 송이일까요?

8 × ___=64, ___+___+___+___+___+___+___+___=64

▲ 꽃 여덟송이가 든 바구니가 아홉 개 있어요. 꽃은 모두 몇 송이일까요?

8 × ___=72, ___+___+___+___+___+___+___+___+___=72

여행 9일

친구와 선물

구구단을 외자~!

구 일은구
$9 \times 1 = 9$

구 이 십팔
$9 \times 2 = 18$

구 삼 이십칠
$9 \times 3 = 27$

구 사 삼십육
$9 \times 4 = 36$

구 오 사십오
$9 \times 5 = 45$

구 육 오십사
$9 \times 6 = 54$

구 칠 육십삼
$9 \times 7 = 63$

구 팔 칠십이
$9 \times 8 = 72$

구 구 팔십일
$9 \times 9 = 81$

여행9일
친구와 선물

여행 9일 ● 친구와 선물

나는 사막에서 만난 나의 친구에게 양을 그려달라고 했었지. 그는 상자 속에 든 양을 그려주었어.

나는 친구가 그려준 상자 속에 든 양을 안고 너무 기뻤어. 작고 복실복실한 양을 기를 생각을 하니까 가슴이 콩당콩당 뛰기까지 했단다. 하지만 곧 슬그머니 걱정이 되기 시작했어. 왜냐고?

혹시라도 양이 내 별에 있는 꽃을 풀인 줄 알고 먹어버리면 어쩌나 하는 것이었지. 나는 곧 내 별로 돌아갈 작정이었거든.

그래서 나는 그에게 양의 입 마개도 하나 그려달라고 부탁을 했어. 그는 가죽으로 만든 작고 귀여운 입 마개를 그려주었단다.

지금 그 양은 내 별에서 무럭무럭 잘 자라고 있어. 녀석이 얼마나 잘 크는지, 나는 곧 더 큰 상자를 구해야할지도 몰라.

내 장미는 어떻게 되었느냐고? 물론 잘 지내지. 여전히 투정을 하고 잘난 체 뽐내기도 하지만, 나와 장미는 아주

여행9일
친구와 선물

사이가 좋단다. 우리는 서로에게 길들여져 있거든. 장미가 없는 내 별은 이제 상상할 수조차 없지 뭐야.

지금도 바오밥나무 씨앗들은 쉴새없이 자라고 있고, 나는 틈틈이 그 뿌리를 뽑아낸단다. 가끔은 양이 여린 잎을 뜯어 먹어 주어서 한결 편해졌지. 그리고 두 개의 활화산과 한 개의 사화산은 아직까지 훌륭한 화덕구실을 해주고 있어.

양과 장미는 사이가 좋아서 양에게 입 마개를 씌울 일은 아직까지 단 한번도 없었단다.

어린왕자와 함께 떠나는
구구단여행

저녁 무렵이면, 나는 가끔씩 의자에 앉아 해가 지는 것을 바라보곤 해. 그때는 주로 상자 속에 양을 들여보내고, 장미에게 유리 덮개를 씌워준 후의 시간이지.

나는 해가 지는 것을 보면서 지구에 두고 온 친구들을 생각한단다.

그리고 밤이 되면 우주를 꽉 채우고 있는 별을 바라보면서 친구들의 목소리를 듣는단다.

우주의 별들은 전보다 더 환하고 아름답게 반짝이곤 해.

▲ 왕뱀 아홉 마리가 든 울타리 하나가 있다 (아홉 개짜리 묶음이 한 개 있다)
9 × 1 = 9

▲ 왕뱀 아홉 마리가 든 울타리 두 개가 있다 (아홉 개짜리 묶음이 두 개 있다)
9 × 2 = 18 (9+9=18)

▲ 왕뱀 아홉 마리가 든 울타리 세 개가 있다 (아홉 개짜리 묶음이 세 개 있다)
9 × 3 = 27 (9+9+9=27)

여행9일
친구와 선물

그 많은 별 어딘가에 지구가 있을 테고, 그 지구에 친구들이 살고 있다는 생각을 하면 나는 무척 행복해지지.

지금도 나는 친구와 마지막 헤어지던 순간을 생생하게 기억하고 있어. 우리는 헤어지는 것을 무척 슬퍼했지. 하지만 서로 멀리 떨어져 있어도 서로를 잘 기억하고 있고, 우리는 여전히 가까운 친구 사이란다.

이제 그와 나는 5억 개가 넘는 밤하늘의 별을 모두 가지게 되었어. 왜냐하면, 우리는 별을 보면서 서로를 생각하니

▲ 왕뱀 아홉 마리가 든 울타리 네 개가 있다 (아홉 개짜리 묶음이 네 개 있다)
9 × 4=36 (9+9+9+9=36)

▲ 왕뱀 아홉 마리가 든 울타리 다섯 개가 있다 (아홉 개짜리 묶음이 다섯 개 있다)
9 × 5=45 (9+9+9+9+9=45)

▲ 왕뱀 아홉 마리가 든 울타리 여섯 개가 있다 (아홉 개짜리 묶음이 여섯 개 있다)
9 × 6=54 (9+9+9+9+9+9=54)

깐 말야.

 그는 밤하늘의 별을 보면서 내 웃음을 떠올릴 테지. 그래서 그는 마침내 웃고 있는 5억 개의 작은 별 방울들을 가지게 된 거야.

 나는 별을 보면서 그가 나에게 마지막으로 먹여주던 우물의 물맛을 떠올리곤 해. 그래서 나는 마침내 맑은 물이 솟는 5억 개의 금빛 샘을 가지게 된 거야.

▲ 왕뱀 아홉 마리가 든 울타리 일곱 개가 있다 (아홉 개짜리 묶음이 일곱 개 있다)
9 × 7=63 (9+9+9+9+9+9+9=63)

▲ 왕뱀 아홉 마리가 든 울타리 여덟 개가 있다 (아홉 개짜리 묶음이 여덟 개 있다)
9 × 8=72 (9+9+9+9+9+9+9+9=72)

▲ 왕뱀 아홉 마리가 든 울타리 아홉 개가 있다 (아홉 개짜리 묶음이 아홉 개 있다)
9 × 9=81 (9+9+9+9+9+9+9+9+9=81)

여행9일
친구와 선물

 이것은 양이 있을 상자일 뿐이야.
네가 원하는 양은 이 상자 안에 들어있어.

1) 다음 식에서 지시한 것을 풀어쓰세요.
(예) **9 × 1=9**
(양 _9_ 마리가 든 상자가 _1_ 개 있다. 양은 모두 _9_ 마리)

9 × 2=18 (양___ 마리가 든 상자가___ 개 있다. 양은 모두___마리)
9 × 3=27 (양___ 마리가 든 상자가___ 개 있다. 양은 모두___마리)
9 × 4=36 (양___ 마리가 든 상자가___ 개 있다. 양은 모두___마리)
9 × 5=45 (양___ 마리가 든 상자가___ 개 있다. 양은 모두___마리)
9 × 6=54 (양___ 마리가 든 상자가___ 개 있다. 양은 모두___마리)
9 × 7=63 (양___ 마리가 든 상자가___ 개 있다. 양은 모두___마리)
9 × 8=72 (양___ 마리가 든 상자가___ 개 있다. 양은 모두___마리)
9 × 9=81 (양___ 마리가 든 상자가___ 개 있다. 양은 모두___마리)

여행9일
친구와 선물

양이 꽃을 먹어버리면 어떡하지요? 네가 사랑하는 꽃은 위험하지 않아. 너의 양에게 씌울 입 마개와 꽃을 둘러쌀 울타리를 그려줄게.

2) 다음 문제에서 지시한대로 곱셈식과 덧셈식을 써보세요.
그리고 그림이 있는 곳에는 숫자만큼 색칠하세요.

(예) 꽃 아홉송이가 든 바구니가 한 개 있어요. 꽃은 모두 몇 송이일까요?
9 × 1=9, 9+0=9

▲ 꽃 아홉송이가 든 바구니가 두 개 있어요. 꽃은 모두 몇 송이일까요?
9 × ___ =18, ___ + ___ =18

▲ 꽃 아홉송이가 든 바구니가 세 개 있어요. 꽃은 모두 몇 송이일까요?
9 × ___ =27, ___ + ___ + ___ =27

▲ 꽃 아홉송이가 든 바구니가 네 개 있어요. 꽃은 모두 몇 송이일까요?
9 × ___ =36, ___ + ___ + ___ + ___ =36

▲ 꽃 아홉송이가 든 바구니가 다섯 개 있어요. 꽃은 모두 몇 송이일까요?
9 × ___ =45, ___ + ___ + ___ + ___ + ___ =45

어린왕자와 함께 떠나는 구구단여행

▲ 꽃 아홉송이가 든 바구니가 여섯 개 있어요. 꽃은 모두 몇 송이일까요?

9 × ___ =54, ___ + ___ + ___ + ___ + ___ + ___ =54

▲ 꽃 아홉송이가 든 바구니가 일곱 개 있어요. 꽃은 모두 몇 송이일까요?

9 × ___ =63, ___ + ___ + ___ + ___ + ___ + ___ + ___ =63

▲ 꽃 아홉송이가 든 바구니가 여덟 개 있어요. 꽃은 모두 몇 송이일까요?

9 × ___ =72, ___ + ___ + ___ + ___ + ___ + ___ + ___ + ___ =72

▲ 꽃 아홉송이가 든 바구니가 아홉 개 있어요. 꽃은 모두 몇 송이일까요?

9 × ___ =81, ___ + ___ + ___ + ___ + ___ + ___ + ___ + ___ + ___ =81

부록

구구단 아홉고개

- **많은 것 쉽게 헤아리기**
  묶어서 셈하기 등 곱셈의 기본 법칙을 이해합니다.

- **구구단 식을 통한 암기학습**
  반복적이고 규칙적인 곱셈 문제를 풀면서
  자연스럽게 구구단을 읩니다.

- **구구단 식 활용하기**
  지금까지 외운 구구단 식을 이용해 문제를 풉니다.

- **그래도 헷갈린다구요? 필요할 때마다 곱셈 구구표를
  들여다보면서 완전히 내 것으로 만드세요.**

구구단을 잘 익힌 상으로 한 바구니의 야구공을 받았어요. 여러분들은 이 공을 어떤 방법으로 셀까요? 하나, 둘, 하면서 하나씩 셈을 한다구요? 물론 그것도 한 방법이지요. 그러나 좀 더 빨리, 그리고 정확하게 세고 싶다면, 지금까지 익힌 구구단을 100% 활용해보세요. 아무리 많아도 짧은 시간 안에 그 수를 척척 알아낼 수 있답니다.

많은 것 쉽게 헤아리기

커다란 연못 속에 별이 떠 있어요. 별이 모두 몇 개나 되는지 여러가지 방법으로 알아보세요.

모두 (   ) 개

부록
들어가는 말

○ 어떤 방법으로 알았나요?

-하나씩 세어보기
-두 개씩 묶어보기   모두( )묶음+( )
-세 개씩 묶어보기   모두( )묶음+( )
-네 개씩 묶어보기   모두( )묶음+( )
-다섯 개씩 묶어보기   모두( )묶음+( )
-여섯 개씩 묶어보기   모두( )묶음+( )
-일곱 개씩 묶어보기   모두( )묶음+( )
-여덟 개씩 묶어보기   모두( )묶음+( )
-아홉 개씩 묶어보기   모두( )묶음+( )

○ 위의 여러 가지 방법 중 어느 것이 가장 간편했나요?

○ 이처럼 곱셈은 많은 수의 물건을 하나 하나 일일이 헤아리지 않고, 몇 개의 묶음으로 나누어 헤아리는 간편한 계산법입니다. 이처럼 편리한 곱셈법을 잘 알아두면 아무리 많은 수의 물건이 앞에 놓여있어도 척척 계산해 낼 수 있겠지요?

첫번째 고개 - 2단

자, 그럼 앞에서 연습한 대로 아래 별을 여러가지 방법으로 묶어 식으로 나타내는 연습을 해 봅시다.

- 두 개 짜리   (   )묶음   2×(   )=(   )+(   ) = 모두(   )
- 세 개 짜리   (   )묶음   3×(   )=(   )+(   ) = 모두(   )
- 네 개 짜리   (   )묶음   4×(   )=(   )+(   ) = 모두(   )
- 다섯 개 짜리 (   )묶음   5×(   )=(   )+(   ) = 모두(   )
- 여섯 개 짜리 (   )묶음   6×(   )=(   )+(   ) = 모두(   )
- 일곱 개 짜리 (   )묶음   7×(   )=(   )+(   ) = 모두(   )
- 여덟 개 짜리 (   )묶음   8×(   )=(   )+(   ) = 모두(   )
- 아홉 개 짜리 (   )묶음   9×(   )=(   )+(   ) = 모두(   )

부록
첫번째 고개

약속하기

2개씩 4묶음은 2×4라고 합니다. 우리는 2×4를 2 곱하기 4라고 합니다.

$$2+2+2+2 = 8 \qquad 2 \times 4 = 8$$

익히기

$$5+5+5+5 = (\quad) \qquad 5 \times 4 = (\quad)$$

2단의 곱셈 구구표 만들기

×	1	2	3	4	5	6	7	8	9
2	2								

두번째 고개 - 3단

앞에서 연습한 대로 아래 공을 여러가지 방법으로 묶어 식으로 나타내는 연습을 해 봅시다.

- 두 개 짜리   ( )묶음   2×( )=( )+( ) = 모두 ( )
- 세 개 짜리   ( )묶음   3×( )=( )+( ) = 모두 ( )
- 네 개 짜리   ( )묶음   4×( )=( )+( ) = 모두 ( )
- 다섯 개 짜리 ( )묶음   5×( )=( )+( ) = 모두 ( )
- 여섯 개 짜리 ( )묶음   6×( )=( )+( ) = 모두 ( )
- 일곱 개 짜리 ( )묶음   7×( )=( )+( ) = 모두 ( )
- 여덟 개 짜리 ( )묶음   8×( )=( )+( ) = 모두 ( )
- 아홉 개 짜리 ( )묶음   9×( )=( )+( ) = 모두 ( )

부록
두번째 고개

약속하기

3개씩 4묶음은 3×4라고 합니다. 우리는 3×4를 3 곱하기 4라고 합니다.

$$3+3+3+3 = 12 \qquad 3 \times 4 = 12$$

익히기

$$6+6+6+6 = (\quad) \qquad 6 \times 4 = (\quad)$$

3단의 곱셈 구구표 만들기

×	1	2	3	4	5	6	7	8	9
3	3								

세번째 고개 – 4단

앞에서 연습한 대로 아래 연필을 여러가지 방법으로 묶어 식으로 나타내는 연습을 해 봅시다.

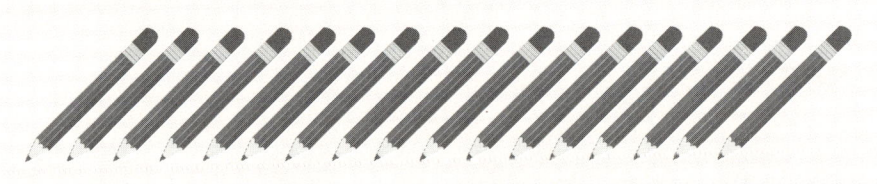

- 두 개 짜리   (   )묶음   2×(   )=(   )+(   ) = 모두 (   )
- 세 개 짜리   (   )묶음   3×(   )=(   )+(   ) = 모두 (   )
- 네 개 짜리   (   )묶음   4×(   )=(   )+(   ) = 모두 (   )
- 다섯 개 짜리 (   )묶음   5×(   )=(   )+(   ) = 모두 (   )
- 여섯 개 짜리 (   )묶음   6×(   )=(   )+(   ) = 모두 (   )
- 일곱 개 짜리 (   )묶음   7×(   )=(   )+(   ) = 모두 (   )
- 여덟 개 짜리 (   )묶음   8×(   )=(   )+(   ) = 모두 (   )
- 아홉 개 짜리 (   )묶음   9×(   )=(   )+(   ) = 모두 (   )

부록
세번째 고개

🖍 약속하기

4개씩 5묶음은 4×5라고 합니다. 우리는 4×5를 4 곱하기 5라고 합니다.

$$4+4+4+4+4 = 20 \qquad 4 \times 5 = 20$$

🖍 익히기

$$4+4+4+4 = (\quad) \qquad 4 \times 4 = (\quad)$$

🖍 4단의 곱셈 구구표 만들기

×	1	2	3	4	5	6	7	8	9
4	4								

네번째 고개-5단

앞에서 연습한 대로 아래 딸기를 여러가지 방법으로 묶어 식으로 나타내는 연습을 해 봅시다.

- 두 개 짜리   ( )묶음   2×( )=( )+( ) = 모두 ( )
- 세 개 짜리   ( )묶음   3×( )=( )+( ) = 모두 ( )
- 네 개 짜리   ( )묶음   4×( )=( )+( ) = 모두 ( )
- 다섯 개 짜리 ( )묶음   5×( )=( )+( ) = 모두 ( )
- 여섯 개 짜리 ( )묶음   6×( )=( )+( ) = 모두 ( )
- 일곱 개 짜리 ( )묶음   7×( )=( )+( ) = 모두 ( )
- 여덟 개 짜리 ( )묶음   8×( )=( )+( ) = 모두 ( )
- 아홉 개 짜리 ( )묶음   9×( )=( )+( ) = 모두 ( )

약속하기

5개씩 7묶음은 5×7이라고 합니다. 우리는 5×7을 5 곱하기 7이라고 합니다.

5+5+5+5+5+5+5 = 35   5 × 7 = 35

익히기

7+7+7+7 = (   )   7 × 4 = (   )

5단의 곱셈 구구표 만들기

×	1	2	3	4	5	6	7	8	9
5	5								

다섯번째 고개 – 6단

앞에서 연습한 대로 아래 사과를 여러가지 방법으로 묶어 식으로 나타내는 연습을 해 봅시다.

- 두 개 짜리 ( )묶음   2×( )=( )+( ) = 모두 ( )
- 세 개 짜리 ( )묶음   3×( )=( )+( ) = 모두 ( )
- 네 개 짜리 ( )묶음   4×( )=( )+( ) = 모두 ( )
- 다섯 개 짜리 ( )묶음   5×( )=( )+( ) = 모두 ( )
- 여섯 개 짜리 ( )묶음   6×( )=( )+( ) = 모두 ( )
- 일곱 개 짜리 ( )묶음   7×( )=( )+( ) = 모두 ( )
- 여덟 개 짜리 ( )묶음   8×( )=( )+( ) = 모두 ( )
- 아홉 개 짜리 ( )묶음   9×( )=( )+( ) = 모두 ( )

부록
다섯번째 고개

약속하기

6개씩 8묶음은 6×8라고 합니다. 우리는 6×8을 6 곱하기 8이라고 합니다.

6+6+6+6+6+6+6+6 = 48   6 × 8 = 48

익히기

7+7+7+7+7+7 = (   )   7 × 6 = (   )

6단의 곱셈 구구표 만들기

×	1	2	3	4	5	6	7	8	9
6	6								

여섯번째 고개 - 7단

앞에서 연습한 대로 아래 동그라미를 여러가지 방법으로 묶어 식으로 나타내는 연습을 해 봅시다.

- 두 개 짜리   (　)묶음   2×(　)=(　)+(　) = 모두 (　)
- 세 개 짜리   (　)묶음   3×(　)=(　)+(　) = 모두 (　)
- 네 개 짜리   (　)묶음   4×(　)=(　)+(　) = 모두 (　)
- 다섯 개 짜리 (　)묶음   5×(　)=(　)+(　) = 모두 (　)
- 여섯 개 짜리 (　)묶음   6×(　)=(　)+(　) = 모두 (　)
- 일곱 개 짜리 (　)묶음   7×(　)=(　)+(　) = 모두 (　)
- 여덟 개 짜리 (　)묶음   8×(　)=(　)+(　) = 모두 (　)
- 아홉 개 짜리 (　)묶음   9×(　)=(　)+(　) = 모두 (　)

부록
여섯번째 고개

약속하기

7개씩 7묶음은 7×7이라고 합니다. 우리는 7×7을 7 곱하기 7이라고 합니다.

$$7+7+7+7+7+7+7 = 49 \qquad 7 \times 7 = 49$$

익히기

$$8+8+8 = (\quad) \qquad 8 \times 3 = (\quad)$$

7단의 곱셈 구구표 만들기

×	1	2	3	4	5	6	7	8	9
7	7								

일곱번째 고개 - 8단

앞에서 연습한 대로 아래 세모를 여러가지 방법으로 묶어 식으로 나타내는 연습을 해 봅시다.

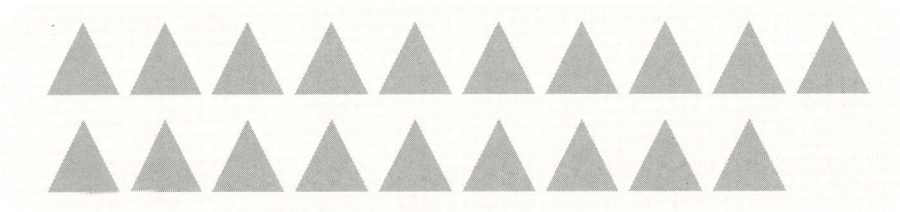

- 두 개 짜리   (   )묶음   2×(   )=(   )+(   ) = 모두 (   )
- 세 개 짜리   (   )묶음   3×(   )=(   )+(   ) = 모두 (   )
- 네 개 짜리   (   )묶음   4×(   )=(   )+(   ) = 모두 (   )
- 다섯 개 짜리 (   )묶음   5×(   )=(   )+(   ) = 모두 (   )
- 여섯 개 짜리 (   )묶음   6×(   )=(   )+(   ) = 모두 (   )
- 일곱 개 짜리 (   )묶음   7×(   )=(   )+(   ) = 모두 (   )
- 여덟 개 짜리 (   )묶음   8×(   )=(   )+(   ) = 모두 (   )
- 아홉 개 짜리 (   )묶음   9×(   )=(   )+(   ) = 모두 (   )

부록
일곱번째 고개

🖍 약속하기

8개씩 5묶음은 8×5라고 합니다. 우리는 8×5를 8 곱하기 5라고 합니다.

$$8+8+8+8+8 = 40 \qquad 8 \times 5 = 40$$

🖍 익히기

$$9+9+9+9+9 = (\quad) \qquad 9 \times 5 = (\quad)$$

🖍 8단의 곱셈 구구표 만들기

×	1	2	3	4	5	6	7	8	9
8	8								

여덟번째 고개-9단

앞에서 연습한 대로 아래 육각형을 여러가지 방법으로 묶어 식으로 나타내는 연습을 해 봅시다.

- 두 개 짜리   (   )묶음   2×(   )=(   )+(   ) = 모두 (   )
- 세 개 짜리   (   )묶음   3×(   )=(   )+(   ) = 모두 (   )
- 네 개 짜리   (   )묶음   4×(   )=(   )+(   ) = 모두 (   )
- 다섯 개 짜리 (   )묶음   5×(   )=(   )+(   ) = 모두 (   )
- 여섯 개 짜리 (   )묶음   6×(   )=(   )+(   ) = 모두 (   )
- 일곱 개 짜리 (   )묶음   7×(   )=(   )+(   ) = 모두 (   )
- 여덟 개 짜리 (   )묶음   8×(   )=(   )+(   ) = 모두 (   )
- 아홉 개 짜리 (   )묶음   9×(   )=(   )+(   ) = 모두 (   )

부록
여덟번째 고개

📝 약속하기

9개씩 2묶음은 9×2라고 합니다. 우리는 9×2를 9 곱하기 2라고 합니다.

$$9+9=18 \qquad 9\times 2=18$$

📝 익히기

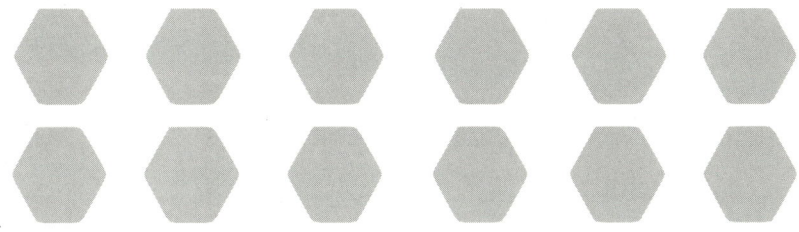

$$4+4+4=(\quad) \qquad 4\times 3=(\quad)$$

📝 9단의 곱셈 구구표 만들기

×	1	2	3	4	5	6	7	8	9
9	9	9							

아홉번째 고개 – 활용하기

공을 곱셈식을 이용해서 헤아리려고 합니다.
( ) 안에 알맞은 수를 써넣으세요.

○ 두 개씩 묶었을 때
  $2 \times 8 = ($ $)$
  $2 \times ($ $) = 16$

○ 네 개씩 묶었을 때
  $4 \times 4 = ($ $)$
  $4 \times ($ $) = 16$

○ 결론
  $2 \times ($ $) = 4 \times ($ $) = 16$

어느 것이 더 큰지 알아보세요. 답이 더 큰 것에 동그라미를 치고, 만약 숫자가 같다면 두 식의 가운데에 '=' 표시를 하세요.

2×8 8×2 4×7 3×6 5×2 4×6

부록
아홉번째 고개

▎빈칸에 알맞은 수를 써넣으세요.

×	3	6	7	9
2	6			
8				72

▎2×3=6을 3×2=6으로 나타내기도 한답니다.
아래 식을 만들어 보세요.

5×8=(　　)×(　　)=40

7×3=(　　)×(　　)=21

▎이제 곱셈식에 조금 익숙해졌나요? 자, 그럼 이제 다음과 같은 곱셈을 직접 해봅시다.

3×6=(　　)　　4×5=(　　)　　6×6=(　　)

7×2=(　　)　　8×7=(　　)　　9×9=(　　)

✏ 네모 안에 적당한 숫자를 넣으세요.

2 × ☐ = 14   5 × ☐ = 40   6 × ☐ = 42

7 × ☐ = 56   3 × 5 = ☐   5 × 5 = ☐

✏ 이제 구구단을 활용하여 세로 곱셈식을 풀어볼까요?

예)
```
      1 4
  ②×   5 ①
  ─────────
      2 0   ①
    + 5     ②
  ─────────
      7 0   ③
```

먼저 맨 끝자리수를 곱해서 답을 얻은 다음(①) 앞자리수를 곱해서 얻은 답(②)을 더해주면(①+②=③) 됩니다.

```
      1 1              2 1              3 2
  ②×   3 ①         ②×   4 ①         ②×   5 ①
  ─────────          ─────────         ─────────
      ③     ①           ☐    ①        1 0    ①
    + ☐     ②         + 8    ②        + ☐☐   ②
  ─────────          ─────────         ─────────
      ☐3    ③           ☐☐   ③        ☐☐0    ③
```

부록
아홉번째 고개

✏️ 다음 곱셈의 답을 적어 보세요.

```
  1 3        1 4        2 1        1 5
×   2      ×   2      ×   4      ×   3
─────      ─────      ─────      ─────
  □□         □□         □□         □□


  3 2        4 6        3 5        2 8
×   4      ×   2      ×   3      ×   4
─────      ─────      ─────      ─────
  □□□        □□□        □□□        □□□


  5 6        7 2        4 7        5 4
×   2      ×   3      ×   6      ×   4
─────      ─────      ─────      ─────
  □□□        □□□        □□□        □□□


  8 0        9 2        6 9        7 8
×   3      ×   4      ×   6      ×   7
─────      ─────      ─────      ─────
  □□□        □□□        □□□        □□□
```

146P 정답
- 7/8/7/8/15/25(가로방향)
- ②3 ③3 ①4 ③84 ②15 ③16

147P 정답
- 26/28/84/45
- 112/216/282/216
- 128/92/105/112
- 240/368/414/546

곱셈 구구표 (2~9단)

×	2		×	3		×	4		×	5
1	2		1	3		1	4		1	5
2	4		2	6		2	8		2	10
3	6		3	9		3	12		3	15
4	8		4	12		4	16		4	20
5	10		5	15		5	20		5	25
6	12		6	18		6	24		6	30
7	14		7	21		7	28		7	35
8	16		8	24		8	32		8	40
9	18		9	27		9	36		9	45

×	6		×	7		×	8		×	9
1	6		1	7		1	8		1	9
2	12		2	14		2	16		2	18
3	18		3	21		3	24		3	27
4	24		4	28		4	32		4	36
5	30		5	35		5	40		5	45
6	36		6	42		6	48		6	54
7	42		7	49		7	56		7	63
8	48		8	56		8	64		8	72
9	54		9	63		9	72		9	81

어린왕자와 함께 떠나는
구구단 여행

초판 1쇄 인쇄   2000년 10월 5일
초판 9쇄 발행   2016년 2월 1일

엮은이 김재인
발행인 김영길
발행처 도서출판 동인

등록번호 제2013-000032호
등록일자 2013년 11월 12일

주소   서울시 강북구 오패산로 30길 74-201(미아동)
전화   (02)365-6368
팩스   (02)365-6369
E-mail   dongin365@hotmail.com

ISBN   978-89-8482-018-073410

※파본은 본사나 구입하신 서점에서 교환하여 드립니다
값 9,500원